V. 49/2.   Sc. et arts n° 4563. A.

LE MAISTRE
DES NOVICES
DANS
L'ART DE CHANTER:
OU
REGLES GÉNÉRALES,
COURTES, FACILES, ET CERTAINES,
POUR APPRENDRE PARFAITEMENT,
LE PLEIN-CHANT;

PRE'CE'DE'ES de quelques Motifs & Exemples édifians, qui engagent les jeunes Ecclésiastiques & les jeunes Religieux Novices, & autres, à s'y appliquer ; de quelques Observations sur la formation, conservation, destruction, enrouement, extinction de la Voix, avec leurs remedes, & moyens de la rendre claire, nette & sonore ; & suivies d'un ample Recueil d'Antiennes, Répons, & Messes, d'une agréable variété & tendre dévotion, pour servir à exercer, tant sur la Note que sur la Lettre, ceux qui n'ont point de Livres d'Eglise en leur disposition.

Par Frere REMY CARRE', Prétre, Religieux Profès de l'Abbaye de S. Amant de Boixe, ancien Chantre Titulaire de l'Abbaye de S. Liguaire, méme Ordre, & ancienne Observance de S. Benoît.

A PARIS,
Chez LE BRETON, petit-fils D'HOURY, Libraire-Imprimeur ordinaire du ROY, rue de la Harpe, au Saint-Esprit.
M. DCC. XLIV.

AVEC APPROBATION ET PRIVILÉGE DU ROY.

PRÉFACE.

OMME il eſt d'uſage dans les Séminaires, que les jeunes gens y apprennent le Plein-Chant, en même tems qu'ils s'y exercent aux fonctions du miniſtere; j'ai toujours vû avec le dernier étonnement & la plus vive douleur, que la plûpart des jeunes Eccléſiaſtiques qui en ſortent, ſont ſi peu cultivés de ce côté-là, que loin d'être en état de chanter correctement & avec onction aucune des grandes pieces de l'Office, comme ſeroit un Graduel, un Alleluia, un Répons, une Préface, une Paſſion, ou une Bénédiction de Cierge Paſcal, Fonts Baptiſmaux, &c. on les voit tous les jours s'embaraſſer en entonnant une Antienne de deux ſyllabes, un *Gloria in excelſis*, un *Credo*, un *Ite miſſa eſt*, &c.

Quoique je n'aye nulle intention, ni aucun moyen ſûr, de découvrir la ſource d'un ſi grand mal; parce qu'il peut y avoir en cela comme en toute autre choſe, ſuivant les pays, du plus ou du moins, dont perſonne ne peut mieux juger que ceux qui ont demeuré ou demeurent actuellement dans les Séminaires: je préſume cependant avec aſſez de vrai-ſemblance, qu'il ne peut venir que de ce que:

a ij

1°. L'on ne reſerve jamais pour cette étude que quelques momens dans la journée , & qu'on employe rarement comme on le devroit.

2°. Il paroît également probable, que la plûpart de ceux qui enſeignent le Plein-Chant, n'y ſont pas eux-mêmes perfectionnés , & n'en ſçavent pas ſuffiſamment pour être les Maîtres des autres.

Mais ſuppoſé que la perſonne chargée d'enſeigner les autres, ſçache quelque choſe du Plein-Chant , il faut convenir après l'expérience, que tel qui ſçait ſuffiſamment pour ſoi, ne ſçait pas aſſez pour enſeigner les autres, ou du moins n'a pas la méthode ou le talent de le faire comme il faut. Car l'un des plus grands obſtacles que les jeunes gens trouvent en général à apprendre le Plein-Chant , n'eſt pas toujours le défaut de Maître , mais le défaut d'un Maître qui ait le talent d'enſeigner , c'eſt-à-dire , de s'énoncer aſſez bien pour rendre ſes leçons agréables , en les rendant intelligibles par la netteté , la juſteſſe , & la préciſion des termes.

C'eſt l'inconvénient auquel ſont expoſés non-ſeulement tous les jeunes Eccléſiaſtiques qui, long-tems avant d'entrer au Séminaire , ſe ſentent de l'inclination pour apprendre à chanter ; mais auſſi les jeunes Religieux de preſque tous les Ordres, dont la plûpart des maiſons ſont en pleine campagne , où les Novices & jeunes Religieux n'ont d'autre reſſource & d'autre choix pour apprendre le Plein-Chant, que dans les Maîtres d'école des lieux , s'il s'y en trouve ; car c'eſt par cette diſette qu'en certaines Provinces beaucoup d'enfans , avec toute la diſpoſition poſſible, reſtent ſans inſtruction , & les Curés dans l'impuiſſance de jamais chanter de grandes Meſſes dans leurs Paroiſſes.

Les Religieux dont je viens de parler, & beaucoup d'autres , ſe trouvent à peu près dans le même cas ; parce que la décadence des tems & les guerres ayant dégradé les Monasteres , au point que tel où il y avoit autrefois depuis vingt jufqu'à cent Religieux, n'en nourrit le plus fouvent que deux ou trois : ces Religieux fe trouvant d'une part en fi petit nombre , & de l'autre ne pouvant être fecondés d'aucun Maître d'école ou habitans des lieux , comme cela arriveroit fi les premiers étoient plus communs , & fi la fcience du Plein-Chant étoit plus aifée à acquérir pour les autres : ces Religieux, dis-je , avec toute la régularité & bonne volonté poffible , font forcés de faire l'Office le plus lugubre , & fi j'ofe dire , le moins gracieux qui fe puiffe , en célébrant perpétuellement des Meffes baffes, & lifant tous leurs Offices au lieu de les chanter ; ou s'ils entreprennent de le faire trois ou quatre fois par an, dans les Fêtes les plus folemnelles , comme ils n'ont ni le fecours ni l'ufage convenable, c'eft toujours avec peu de fuccès du côté de l'édification & de la dévotion, que l'accord & l'harmonie des voix ont coutume d'infpirer: en quoi ils contreviennent aux intentions de notre bienheureux Pere S. Benoift , dont la Regle qui eft une marque illuftre des lumieres dont Dieu l'éclaira durant tout le cours de fa vie, a toujours été confidérée des Peres qui l'ont fuivie comme un ouvrage du S. Efprit , ce qui fait que les Conciles l'appellent ordinairement par excellence *la fainte Regle* ; entr'autres celui de Douzy, tenu en l'an 874 , dit que les réglemens qui y font prefcrits , ont été dictés *par le même Efprit qui a infpiré les faints Canons à L'Eglife pour fa conduite.*

Le Lecteur me pardonnera fi je m'étens un peu fur cette importante Regle de notre S. Patriarche.

Saint Grégoire le Grand , Pape, l'appelle *une Regle excellente en difcrétion , & riche dans fes expreffions* , & dit que celui qui en eft l'Auteur, *a été rempli de l'Efprit de tous les juſtes*. Le ſentiment d'un ſi grand homme a été ſuivi de toute l'Egliſe, & principalement de celle de France, qui a toujours porté un reſpect tout particulier à cette ſainte Regle. Charlemagne, Louis-le-Pieux, Charles-le-Chauve, & pluſieurs autres de nos Rois, ont fait gloire d'en rétablir la pratique dans les Monaſteres où elle étoit mal obſervée. La plûpart des Fondateurs d'Ordres & de Congrégations, qui ſont venus après, ont pris cette Regle pour leur modelle; & ſi les autres ne s'y ſont pas attachés entiérement, ils y ont du moins puiſé leurs plus ſolides maximes. Les plus ſages Religieux des autres Ordres ont été obligés d'avouer qu'elle l'emportoit au-deſſus des autres regles. C'eſt ce qui a fait dire à S. Antonin Archevêque de Florence, qui avoit été Religieux de l'Ordre de S. Dominique, *que la Regle de S. Baſile eſt embarraſſée; que celle de S. Auguſtin eſt trop générale; que celle de S. François eſt trop courte, & capable en pluſieurs points de jetter du ſcrupule dans les ames; mais que la Regle de S. Benoiſt explique clairement chaque choſe en détail & en particulier.* On peut encore juger de l'excellence de cette Regle, par le nombre infini des Saints qu'elle a donnés à l'Egliſe, de toutes ſortes de conditions & de qualités, des Apôtres, des Martyrs, des Prélats, des Vierges, des Empereurs, des Rois, des Princes, des Impératrices, des Reines, & des Princeſſes. Ce qui a fait dire au Pape Urbain VIII. d'heureuſe mémoire, dans une bulle adreſſée aux Religieuſes de Xaintes: *Que tout ce qu'il y a d'admirable dans la vie des Saints, & tout ce qu'il y a de relevé dans les maximes de la foi, appartient à l'Ordre de S. Benoiſt; & que les graces ſpirituelles qui, par leur admirable diverſité, ſanctifient les autres Ordres, ne ſont qu'une partie de la plénitude de celles que Dieu a communiquées à celui de ce S. Patriarche qui étoit rempli de l'eſprit de tous les juſtes.*

Mais ce qui fait voir encore l'œconomie & la ſageſſe

admirable de cette Regle, eft 1°. Que fans y rien changer, elle eft propre aux Religieufes auffi-bien qu'aux Religieux. 2°. C'eft que cette Regle eft non-feulement excellente pour la conduite des Monafteres de l'un & de l'autre fexe ; mais même qu'elle fournit des maximes très-faintes pour régler la vie des perfonnes engagées dans le fiecle, & même pour gouverner leurs états. C'eft ce qu'un Grand Duc de Tofcanne nommé COSME, de la Maifon de Médicis, nous a appris ; lorfqu'étant interrogé pourquoi il lifoit tous les jours la Regle de S. Benoift, il répondit : *que c'é- toit à caufe qu'il y trouvoit des moyens très-juftes & très-avan- tageux pour le gouvernement & la conduite des peuples qui étoient fous fa charge ;* & c'eft auffi ce que plufieurs per- fonnes expérimentent tous les jours en leur particulier.

Je dis donc que ces Religieux ifolés, qui fans fecours & fans ufage du Chant entreprennent l'Office folemnel fans aucune apparence d'édification, contreviennent aux intentions de ce glorieux Patriarche, qui dit expreffément dans le 47ᵉ Chapitre de ladite Regle : *Cantare autem aut le- gere non præfumat, nifi qui poteft ipfum Officium implere ut ædificentur audientes* ; & en même tems à la maxime de Caffiodore : *non folum cantantes, fed etiam intelligentes ; ne- mo enim fapienter quicquam facit quod non intelligit. CAS- SIOD. fuper pfal. Pfallite fapienter.*

Je me fuis contenté plus haut d'appeller l'Office ordinai- re de ces Religieux, un Office lugubre & peu gracieux ; j'ajoute ici qu'ils font extrêmement à plaindre, à en juger par ce que nous en apprend le même Caffiodore : *Pfalmo- dia,* dit-il, *eft confolatio flentium, cura dolentium, fanitas ægrotorum, hæc animæ remedium, hæc miferiarum omnium cognofcitur effe fuffragium ; nam qui tali munere privatur, ab omni beneficio confolationis excluditur.*

Ce que je dis de ces Religieux, je dois le penfer & le

direde tous les Curés qui se trouvent dans la même position. David aura beau leur crier : *Cantate & exultate &*
psallite.. . . . *Cantate Domino & benedicite nomini ejus* . . .
Exultate Deo adjutori nostro. . . . *Psallite Domino qui ha-*
bitat in Sion. Ils seront forcés de lui répondre avec les
Juifs captifs en Babilonne : *In salicibus suspendimus organa*
nostra.

Envain ce SaintRoi persistera à leur dire : *Hymnum can-*
tate de canticis Sion ; car ils répondront toujours qu'il ne
leur est pas possible de chanter un cantique du Seigneur
dans une terre étrangere, où ils ne font que pleurer. *Quo-*
modo cantabimus canticum Domini in terrâ alienâ. .*In terrâ*
oblivionis. . . *in terrâ desertâ.* . . . *in loco horroris & vastæ*
solitudinis ? . . *Illic sedimus & flevimus.*

Un mal aussi grand que celui-là m'a fait prendre la résolution de m'appliquer à dresser une méthode de Plein-
Chant, si claire & si détaillée, que de deux choses l'une :
ou elle pût seule servir de maître à ceux qui ont beaucoup
de disposition & de justesse dans l'oreille & dans la voix ;
ou qu'en admettant pour peu de tems la nécessité indispen-
sable d'un guide pour commencer, elle ne laissât rien à de-
sirer aux Maîtres ni aux Ecoliers de tout ce qu'il convient
de sçavoir communément du Plein-Chant.

Aux Maîtres, en les dispensant d'écrire ni noter quoi que
ce soit, autre que ce qu'ils y trouveront, c'est-à-dire, en
réduisant leur travail au simple soin d'aider leurs écoliers
à donner le son aux notes, & à leur faire connoître &
comprendre par l'exercice ce qui est renfermé dans cette
Méthode, sans avoir besoin d'y rien ajouter ; parce qu'il
n'est gueres possible d'entrer dans un détail plus exaɛ̃t, plus
simple, ni plus intelligible : d'où je me persuade qu'il
pourra arriver que tel Ecclésiastique, Curé, ou autre, ou
tel Religieux qui n'auroit pas eu auparavant assez de patience

tience ni d'adreſſe pour entreprendre de dreſſer une gamme
& de donner des leçons à de jeunes Clercs ou Religieux,
ou même à quelques petits enfans particulierement diſpoſés
à apprendre & à bien chanter, ne s'en fera plus qu'un
pieux & méritoire amuſement, en enviſageant la modicité
& la facilité du travail qui lui reſte avec cette Méthode :
& qu'au lieu de pluſieurs années qu'il faut ordinairement
paſſer avec de mauvais Maîtres, ou avec des Méthodes
défeĉtueuſes & obſcures, ou qui malgré une bonté & perfeĉtion apparente, laiſſent ignorer une infinité de choſes
qu'il eſt néceſſaire de bien connoître, & que l'on trouvera
dans celle-ci; il ne leur en coûtera qu'environ un mois de
complaiſance ou de charité pour les mettre en état de
s'exercer & perfeĉtionner d'eux-mêmes, de façon à pouvoir dans peu de tems ſe flater de poſſéder tout le rafine-
ment & la perfeĉtion du Chant, & être en état d'en rendre
raiſon dans l'occaſion, & de l'enſeigner en termes nets &
précis & avec diſtinĉtion.

Quant aux Ecoliers, l'avantage que j'ai cherché à leur
procurer, c'eſt de les diſpenſer de la gêne & de l'ennui
d'écouter un long verbiage qu'on auroit à leur faire pour
leur apprendre la moindre partie de ce qu'ils trouveront
ici tout digéré, & de leur donner outre cela l'agrément
de pouvoir avec cette Méthode à la main étudier cent fois
s'ils veulent, & toujours ſans dégoût, la matiere d'une leçon, de ſe la mettre bien dans l'eſprit en y réfléchiſſant,
& de recourir ſans ceſſe à ce qui pourroit leur en être échap-
pé de la mémoire, au bout de quelque tems qu'ils l'auroient
appriſe & quittée pour paſſer à d'autres. C'eſt à quoi ils ne
doivent pas manquer, juſqu'à ce qu'ils ſoient rompus dans
la connoiſſance du Chant; au lieu qu'une leçon donnée
de vive voix, & toujours aſſez mal, ſi elle ne s'oublie pas
dans le moment, au moins ne peut-on pas ſe flater de s'en

E

reſſouvenir deux jours après. D'ailleurs, ſans parler que ce qui eſt imprimé eſt toujours plus net & plus gracieux à lire & à étudier ; tous ceux qui s'appliqueront comme il faut à apprendre ces principes de Plein-Chant, auront une entrée conſidérable dans ceux de Muſique, & une facilité ſurprenante pour y faire en peu de tems de grands progrès.

J'ai commencé cette Méthode par des motifs & exemples édifians, capables de faire ſentir vivement à tous les jeunes Eccléſiaſtiques & Religieux, combien il leur convient de s'appliquer à la ſcience du Plein-Chant, tant pour ſe mettre en état de s'acquiter comme il faut de leur miniſtere, que pour augmenter la majeſté de l'Office divin, en prenant ſoin de tout leur poſſible de rendre la connoiſſance du Plein-Chant commune dans leurs Paroiſſes ou Monaſteres, par quelques momens de loiſir ou de complaiſance ſacrifiés non ſeulement à l'inſtruction des jeunes Clercs & Religieux, mais encore de quelques enfans choiſis entre les plus diſpoſés à apprendre à chanter.

Car outre que c'eſt flater ſenſiblement les peres & meres, ſur-tout de la campagne où l'on eſt privé de tout ſecours pour l'éducation, que de s'intéreſſer tant ſoit peu à l'inſtruction de leurs enfans, principalement du côté du Chant, qui les diſtingue des autres en leur donnant droit d'approcher du Lutrin, & les rendant néceſſaires ou utiles à l'Egliſe pour ſoutenir le Chœur & ſeconder les Chapiers ; un Curé ou un Religieux tant ſoit peu laborieux & intelligent en cette partie, s'attireroit à peu de frais des éloges pareils à ceux dont on a honoré la mémoire des plus grands hommes ; entr'autres Hervé, Archevêque de Reims, dont Frodoart fait le portrait en ces termes : *Ecclefiaſticis apprime cantilenis & pſalmodiâ præcipuus* ; Durand, Abbé de Troarn au Diocèſe de Bayeux, qui eſt qualifié par Orderic Vital, *ecclefiaftici, cantus doctor peritiffimus*; S. Germain, Evêque de Paris, par les exhortations & avis duquel chacun chantoit dans fon Eglife, comme l'a écrit Fortunat dans fa vie.

Pontificis monitis Clerus plebs pfallit & infans. Et plus bas,
Tympana rauca fenum puerilis fiftula mulcet.

Enfin, S. Grégoire Pape, dont il eft dit : *Stare fecit cantores contra altare &c.* comme on peut voir plus au long, vers le milieu du premier Chapitre de ce Livre.

Que je ferai heureux, fi tous ceux d'entre les Prêtres & les Religieux, pour qui j'ai compofé cet ouvrage, veulent bien le regarder comme un petit fecours que le Ciel leur préfente ! & fi après être reftés long-tems fur le bord des fleuves de Babilone, & y avoir pleuré amérement en fe fouvenant de Sion, il donne lieu à chacun d'eux de faire fuccéder les réjouiffances aux gémiffemens, en difant : Il ne tient plus qu'à moi, ô mon Dieu, de m'acquitter envers vous de mes vœux, de mes promeffes, de mes obligations, en chantant vos louanges, *In me funt Deus vota tua quæ reddam laudationes tibi.*

Plus heureux encore, fi je puis me flater ou efpérer de contribuer en quelque chofe à l'avancement ou à la joye des Habitans des Campagnes ! Et fi reconnoiffant combien il eft doux & agréable de louer le Seigneur, ils s'occupent à chanter fes voyes ; fi fes ordonnances pleines de juftice leur tiennent lieu de cantiques dans le lieu de leur exil ; s'ils lui offrent un facrifice de louanges, & publient fes œuvres avec allégreffe.

Ce Livre fera non-feulement plus clair & plus intelligible qu'aucun de ceux qui ont paru jufques à préfent fur cette matiere, mais encore pourra fervir au Clergé Séculier & Régulier de toutes fortes d'Eglifes.

Au refte, j'ai uniquement cherché à procurer la plus grande gloire de Dieu.   E ij

✻✻✻✻✻✻✻✻✻✻✻✻✻✻✻✻✻✻✻✻✻✻✻✻✻✻✻✻

TABLE DES CHAPITRES.

Fin de la Table des Chapitres.   LE MAISTRE

LE MAISTRE
DES NOVICES
DANS
L'ART DE CHANTER,
OU
REGLES GÉNÉRALES,
COURTES, FACILES ET CERTAINES,
POUR APPRENDRE PARFAITEMENT
LE PLEIN-CHANT DE L'EGLISE.

CHAPITRE PREMIER.

Des Motifs & Exemples édifians qui engagent les jeunes Ecclésiastiques & les jeunes Religieux Novices & autres, à apprendre le Plein-Chant de l'Église.

DIEU méritant des louanges infinies par l'excellence de ses perfections & par la magnificence de ses bienfaits, & toutes les créatures visibles s'empressant à les chanter chacune en sa façon, l'Eglise a institué dès sa naissance l'Office divin, afin que les Ecclésiastiques & les Religieux rendent ce juste devoir à la Divine Majesté, tant pour eux, qu'au nom de tout le Peuple, qui les nourrit & entretient pour cet

A

effet du fruit de ſes travaux & de ſes ſueurs, comme ſes médiateurs & ſes députés auprès de ſon trône.

C'eſt ce qui a rendu la ſcience du Chant ſi importante pour eux, qu'ils ne ſçauroient trop s'appliquer à s'y rendre habiles, & à ſe mettre en état de louer Dieu tous les jours de leur vie d'une maniere digne de Dieu. Car ſi les plus vils artiſans ſe piquent de bien entendre leur métier, quelle honte ne doivent pas reſſentir les perſonnes conſacrées à Dieu, lorſque par leur faute elles ſe trouvent dans l'impuiſſance de s'acquitter de cette fonction, qui, après la ſainte Meſſe, eſt l'une des parties de leur miniſtere la plus auguſte, la plus indiſpenſable, & la plus continuelle?

1°. Elle eſt auguſte, puiſque c'eſt imiter en terre le continuel exercice des Anges, & l'occupation la plus glorieuſe des Saints dans le Ciel. Car, dit S. Jean Chryſoſtôme, *Oratio in præſenti vita tantùm pro remedio peccatorum effunditur, Pſalmorum autem decantatio perpetuam Dei laudem demonſtrat in gloriâ ſuperna, ſicut ſcriptum eſt: Beati qui habitant in domo tua, Domine; in ſæcula ſæculorum laudabunt te. Cüjus operis myſterium quicumque fideliter intentâ mente exequitur, quodammodo Angelis ſociatur. D. JOAN. CHRYSOST. de ſummo bono.*

2°. Elle eſt indiſpenſable: car tous les Eccléſiaſtiques & les Religieux ne confeſſent pas, tous ne prêchent pas; mais tous chantent, ou du-moins doivent être en état de chanter, lorſque leur ſanté le permet, & que le beſoin le demande. Car c'eſt à eux que s'adreſſent ces paroles de David: *Ecce nunc benedicite Dominum, omnes ſervi Domini; qui ſtatis in domo Domini, in atriis domus Dei noſtri* ..... *Afferte Domino filii Dei, afferte Domino gloriam & honorem* ...... *O monache*, s'écrie S. Jérôme, *qui ſtas corpore, ſtat anima tua, & non pſallis Deo! Maledictus homo qui facit opus Dei negligenter. Si pſalterium es, ſi cithara es, quare ſurdus es, & non glorificas Deum? D. HIERON. ſuper Pſalm.*

Il me ſemble entendre David dire comme S. Jérôme à ce Moine indolent: *Exurge pſalterium & cithara* ..... *diluculò* ..... *immola Deo ſacrificium laudis, & redde Altiſſimo vota tua.*

3°. Elle eſt enfin la plus continuelle: car confeſſer & prêcher ſont des emplois qui varient, c'eſt-à-dire les Confeſſions s'entendent à certains jours, les Prédications ſe font en certains tems; mais les louanges de Dieu ſe chantent jour & nuit dans l'Egliſe.

Il ne ſera pas hors de propos dans un Ouvrage conſacré à l'honneur des divins Offices, de s'arrêter un peu ſur les différentes mutations qui y ſont arrivées, & ſur les différentes attributions qu'on donne à ſes parties. Aujourd'hui l'Office eſt compoſé de ſept Heures, en

ne comptant Matines & Laudes que pour une, & de huit en les divi-
fant. Mais aux quatre premiers fiecles de l'Eglife, il n'avoit que fix
parties, que S. Jérôme marque en cet ordre dans fa Lettre à Démé-
triade : Tierce , Sexte , None , & les Prieres qui fe faifoient au foir,
au milieu de la nuit, & le matin : *Præter Pfalmorum & orationis ordi-*
nem, quod tibi horâ tertiâ, fextâ, nonâ ad vefperum, mediâ noĉte & mane fem-
per eft exercendum, ftatue quot horis facram Scripturam edifcere debeas.

Et dans fa Lettre à Læta fur l'éducation de fa fille , il compte les
mêmes heures de la priere, mais en commençant par celles du milieu
de la nuit. Car il veut que l'on mette auprès de cette enfant, une perfonne fage , qui lui apprenne par fon exemple à fe lever la nuit pour
prier Dieu , & pour réciter des Pfeaumes ; à chanter le matin des
Hymnes ; & à être en faĉtion à l'heure de tierce , de fexte & de
none , comme une guerriere de Jefus-Chrift ; & à offrir à la lumiere
de la lampe, le facrifice du foir : *Ad orationes & Pfalmos noĉte confur-*
gere , mane Hymnos canere ; tertiâ, fextâ, nonâ, ftare in acie, quafi bel-
latricem Chrifti , accenfâque lucernulâ reddere facrificium vefpertinum.
Ainfi l'on peut dire que de ces fix parties de l'Office, il y en avoit
trois pour le jour ; fçavoir Tierce , Sexte , & None , & les trois autres pour la nuit. Car les Vêpres ne fe difoient qu'au commencement
de la nuit , & Laudes à la fin, qui eft le point du jour. Prime &
Complies ont été introduites depuis.

Il y en a qui rapportent toutes ces diverfes heures de l'Office à la
Paffion du Sauveur. Ils veulent que Matines & Laudes qu'ils joi-
gnent enfemble, nous repréfentent ce qui fe paffa dans le Jardin des
olives , & la prife de Notre-Seigneur : Prime, les indignités qu'on lui
fit dans la maifon de Caïphe : Tierce , fa condamnation à la mort qui
arriva en cette heure-là : Sexte , fon crucifiement : None , fa mort &
l'ouverture de fon côté : Vêpres, la defcente de la croix ; & Complies, fa fépulture. C'eft ce qu'on a marqué par ces quatre vers latins :

Matutina ligat Chriftum qui crimina folvit.
Prima replet fputis. Caufam dat Tertia mortis.
Sexta cruci neĉtit. Latus ejus Nona bipartit.
Vefpera deponit. Tumulo Completa reponit.

Mais quoique ces confidérations puiffent fervir d'entretien à la dévotion particuliere de ceux qui chantent ou récitent l'Office en public, ou en particulier ; il ne femble pas néanmoins qu'elles foient conformes en tout à l'inftitution de l'Eglife. Voici donc ce qui paroît
plus felon fon efprit.

A iij

Matines nous repréfentent ce qui s'eft paffé la nuit de la Paffion; & ainfi pour cette heure, on convient avec ceux qui y rapportent tout l'Office.

Laudes qui fe doivent dire au point du jour, qui eft l'heure que Jefus-Chrift eft réfufcité, font auffi particulierement deftinées pour honorer fa réfurrection. C'eft pourquoi cet Office commence les Dimanches par le Pfeaume *Dominus regnavit*, qui eft un chant de triomphe pour le regne de Jefus-Chrift réfufcité; & il finit toujours par les trois Pfeaumes de louanges, qui marquent la vie du ciel, où la réfurrection fera achevée, & où le feul exercice de la louange de Dieu fera éternel.

L'heure de Prime a été ajoutée à l'Office, comme une priere particuliere, pour demander à Dieu fon fecours & fa grace, afin de faire faintement toutes les actions de la journée; comme il paroît par les Oraifons qui font tous les jours les mêmes: & ainfi elle ne paroît pas avoir été deftinée à célébrer en particulier la mémoire d'aucun Myftere. Néanmoins comme ce fut environ à cette heure-là que Notre Seigneur fut mené à Pilate, après avoir été fi indignement traité dans la maifon de Caïphe, on la peut appliquer à la confidération de ces humiliations prodigieufes du Fils de Dieu.

L'Office de Tierce eft particulierement deftiné à rendre graces à Dieu de la fanctification de l'Eglife par le Saint-Efprit, & à lui demander qu'il continue toujours de l'animer & de la vivifier par ce même Efprit, qui defcendit vifiblement fur les Apôtres en cette même heure.

Sexte eft pour honorer le crucifement de Notre-Seigneur, & cet excès d'amour qui l'a attaché à la croix, plûtôt que les bourreaux, pour offrir fur cet autel fanglant le facrifice de notre rédemption.

None eft deftinée pour adorer le Myftere de la mort de Jefus-Chrift, qui arriva à cette heure-là; & pour demander à Dieu, felon qu'il eft dit dans l'Hymne, que la lumiere divine qu'il nous a méritée en mourant, nous accompagne dans la mort même.

L'Office de Vêpres femble particulierement deftiné pour rendre graces à Dieu de l'avénement de Jefus-Chrift, qui s'eft fait fur le foir du monde; comme chante l'Eglife, *Vergente mundi vefpere*.

Pour les Complies, c'eft une heure ajoutée à l'ancien Office, auffi bien que Prime; & il paroît par l'Hymne, par l'Oraifon, & par les Pfeaumes, qui font toujours les mêmes, qu'elle a été principalement inftituée pour demander à Dieu fa protection durant la nuit, comme on la lui avoit demandée à Prime pour la journée.

Pour fuivre davantage l'efprit de l'Eglife dans la récitation de chacune de ces parties, ou heures de l'Office, la vraie heure de dire

Matines eſt la nuit ; c'eſt pourquoi elles s'appelloient autrefois *Vigiliæ*, parce qu'elles ſe diſoient en veillant lorſque les autres dorment. On ne les commençoit jamais avant minuit ; & tous les anciens Religieux depuis Saint Benoît, ne les ont commencées que deux heures après : ce qui fait voir qu'il vaut mieux les dire le matin que le ſoir.

Laudes ſe diſoient au point du jour & avant le lever du Soleil ; c'eſt pourquoi elles s'appelloient *Matines*, parce qu'elles ſe doivent dire le matin : mais depuis qu'on les a jointes aux Vigiles, on a donné à ces deux Offices enſemble le nom de *Matines* ; & ce nom enſuite a été donné aux Vigiles, parce qu'elles en font la plus grande partie.

L'heure de Prime eſt auſſi-tôt après le lever du Soleil, ce qui eſt appellé *la première heure* ; parce que les anciens commençoient le jour au lever du Soleil, & le diviſoient toujours en douze heures, qui étoient inégales ſelon que les jours étoient plus ou moins grands ; & c'eſt ce qui fait connoître quelle eſt la vraie heure de Tierce, Sexte & None.

Car Tierce eſt la troiſiéme heure du jour depuis le lever du Soleil, c'eſt-à-dire environ nos neuf heures aux équinoxes, & plus ou moins ſelon que les jours ſont plus ou moins grands que la nuit. Et comme c'eſt à cette heure-là que le Saint-Eſprit deſcendit ſur les Apôtres, c'eſt auſſi, comme il vient d'être dit, le Myſtere que l'on célébre en cette heure, pour ſe préparer ainſi à la Meſſe, en recevant la plénitude de cet Eſprit-Saint.

Sexte étoit la ſixiéme heure du jour, c'eſt-à-dire toujours midi; & ainſi c'eſt environ cette heure-là que l'on doit réciter Sexte, qui eſt le tems que Notre-Seigneur fut mis en croix.

None eſt la neuviéme heure, c'eſt-à-dire environ trois heures après midi, qui eſt le tems que Jeſus-Chriſt expira.

L'heure de Vêpres eſt ſur le ſoir ; & celle de Complies, après le coucher du Soleil.

Voilà le vrai tems de ces heures ſelon l'ancienne inſtitution de l'Egliſe, à laquelle il eſt bon de ſe conformer autant que l'on peut. Mais comme les choſes morales ne ſe prennent pas dans une rigueur métaphyſique, il ſuffit de les dire à des tems qui approchent de ceux-là, & de ne point joindre ſans néceſſité pluſieurs heures enſemble; parce que le vrai eſprit de l'Egliſe dans la diſtinction des heures Canoniales, eſt de tenir toujours ſes enfans, principalement les Eccléſiaſtiques & les Religieux, en eſprit d'oraiſon, en renouvellant de tems-en-tems leur attention envers Dieu; afin, comme dit

Saint Jérôme, que lorfque nous nous trouvons engagés dans quelques affaires, le tems même & l'heure prefcrite nous avertiffe de
notre devoir, & nous faffe retourner à la priere : *Quanquam Apoftolus
femper orare nos jubeat, & fanctis etiam ipfe fomnus oratio fit ; tamen
diverfas orandi horas debemus habere, ut fi forte aliquo fuerimus opere de-
tenti, ipfum nos ad Officium tempus admoneat.* D. HIERON. *ad Eu-
ftoch. de cuftod. virg.*

    Et marquant enfuite ces tems de prieres : *horam tertiam, fextam,
nonam, diluculum quoque, & vefperam, nemo eft qui nefciat* ; il y ajoute
auffi les prieres de la nuit.

    Ce n'eft donc pas fans raifon que David dit : *A folis ortu ufque ad
occafum, laudabile nomen Domini.* . . . . *Vefpere, & mane, & me-
ridie, narrabo & annuntiabo.* . . . *Media nocte furgebam ad confitendum
tibi* . . . *Benedicam Dominum in omni tempore, femper laus ejus in ore
meo* . . . . . . *Os meum annuntiabit juftitiam tuam, totâ die falutare
tuum* . . . *Domine Deus falutis meæ, in die clamavi & nocte coram
te* . . *Clamavi ad te totâ die, expandi ad te manus meas* . . . . . .
Septies in die laudem dixi tibi . . . *In te cantatio mea femper.* Ce n'eft,
dis-je, pas en vain que David nous a appris fa façon de prier, puifque l'Eglife paroît avoir fi fidelement copié ce faint Patriarche dans
la diftribution de fes Offices ou heures Canoniales.

    Les jeunes Eccléfiaftiques & les jeunes Religieux de nos jours
font bien à plaindre, d'être auffi infenfibles qu'ils le font à l'honneur
qu'ils ont d'être deftinés à un fi faint emploi ; puifqu'ils ne tiennent
aucun compte de fe mettre en état de s'en acquitter dignement, en
apprenant le Plein-Chant de l'Eglife : en quoi ils font d'autant plus
blâmables, que l'on a vû les Prêtres, les Abbés, les Evêques, les
Princes, & les Rois mêmes, s'y addonner, l'étudier, & même en
compofer dans des tems où ce travail étoit extrêmement pénible ;
c'eft-à-dire plufieurs fiècles avant que le célébre Gui-Arétin, ou natif
d'Arezzo ville d'Italie, Religieux de l'Ordre de Saint Benoît, eût
trouvé, en chantant l'Hymne de Saint Jean-Baptifte, *Ut queant laxis
refonare fibris,* les notes de la Mufique en cette maniere :

        UT queant laxis
        RE-fonare fibris
        MI-ra geftorum
        FA-muli tuorum,
        SOL-ve polluti
        LA-bii reatum,
        Sancte Joannes.

avant dis-je que Gui-Arétin eût trouvé les notes de la gamme, c'est-à-dire la méthode ou l'art de faire sentir par une espece d'échelle le progrès des sons montans & des sons descendans ; méthode qui loin d'être contredite, attira, comme chacun le sçait, un applaudissement universel & des éloges infinis à son pieux & sçavant auteur, qui en surpassant & effaçant toutes les meilleures méthodes que l'on avoit pû inventer, & dont on s'étoit servi jusqu'alors pour noter & pour enseigner le Plein-Chant (même l'Enchiridion de Hucbaud, respectable moine de l'Abbaye de Saint Amand en Flandres, qui vivoit cent ans avant Gui-Arétin) rendoit cette science plus facile à enseigner, & par conséquent plus aisée à apprendre.

A commencer par les premiers tems où le Chant fit en France l'occupation des plus grands Personnages, on trouve entre les Rois, Charlemagne, Charles-le-Chauve, & le Roy Robert.

Charlemagne composa l'excellente Hymne *Veni Creator*, avec son chant.

Charles-le-Chauve passe pour avoir composé un Office du saint Suaire; & le Roy Robert, pour avoir fait vers l'an 1000, les Répons *Judæa & Jerusalem . . . . Ad nutum Domini . . . . Stirps Jesse . . . . & Solem justitiæ . . . .*

Tous ces Répons se chantent encore en plusieurs endroits, spécialement dans tout l'Ordre de Prémontré : sçavoir le premier aux premieres Vêpres de Noël ; & les autres dans les Offices de la Conception & Nativité de la très-Sainte Vierge, en l'honneur de laquelle ils ont été composés.

Saint Louis aima aussi beaucoup le Chant d'Eglise.

Entre les Princes qui paroissent avoir suivi l'exemple de Charlemagne, on remarque Foulques Comte d'Anjou, & Thibaud Comte de Champagne. Celui-ci se plaisoit fort aux Chants d'Eglise. Foulques porta son zéle plus loin ; car non-seulement il composa douze Répons en l'honneur de Saint Martin, mais même il voulut souvent se mêler en habit ecclésiastique parmi le Clergé & les Prêtres, pour chanter comme eux.

Entre les Evêques qui ont été versés dans le Chant ecclésiastique, qui l'ont aimé ou qui en ont composé, on trouve Guy, Evêque d'Auxerre, vers le milieu du dixiéme siécle; Rainald, Evêque de Langres; un Archevêque de Sens, que l'on croit être Pierre de Corbeil, mort en 1222, qui fit le chant d'un Office de l'Assomption. Fulbert, Evêque de Chartres, se distingua pareillement par son aptitude à composer du chant; car il y a lieu de croire qu'apres avoir composé & introduit dans son Eglise les Répons dont nous venons de parler, en l'honneur de la très-Sainte Vierge, il les communiqua au Roy Robert avec qui il étoit en grande relation, afin de les répandre dans le refte de fes Etats ; ce qui les a fait communément attribuer à ce pieux Roy, qui au refte en a compofé plufieurs autres.

On pourroit encore former une lifte affez confidérable des anciens Evêques, tant François qu'autres, qui fe font diftingués par leur zele pour le Chant, & par leur inclination pour la fcience des fons : entr'autres S. Ildefonce de Tolede ; S. Adelme de Scherborn en Angleterre ; Etienne, Evêque de Liége, dont les ouvrages, avec ceux de Fulbert Evêque de Chartres, & de plufieurs autres, ont toujours été regardés comme des modéles à imiter : auffi faut-il convenir que l'Eglife Cathédrale de Chartres eft celle d'entre toutes les autres, qui dans ces fiecles reculés fourniffoit les plus belles piéces de chant ; S. Radbod, Evêque d'Utrec ; S. Dunftan, Archevêque de Cantorberi, l'un des plus intelligens dans cette fcience, & qui fçavoit jouer de plufieurs fortes d'inftrumens ; Etienne, Evêque de Tournai ; S. Maldavée, Evêque de Verdun au feptiéme fiecle, dont il eft dit qu'il devint habile dans la fpéculation & la pratique du Chant ; Hervé, Archevêque de Reims ; S. Godefroy, Evêque d'Amiens ; Théotger, Evêque de Mets, qui écrivit fur la matiere même du Chant vers l'an onze cens ; & beaucoup d'autres que l'on paffe fous filence pour abréger.

Les Abbés & Chefs de Communauté, fur-tout des Pays-Bas, ne furent pas moins zélés pour la multiplication & l'embelliffement des piéces de Chant, à l'exemple d'Alcuin.

S. Odon Abbé de Cluni, ne fut pas un des derniers à fe fignaler de ce côté-la par les différens Chants qu'il compofa en l'honneur de S. Martin. Il tenoit fa fcience de Remy, Moine de S. Germain d'Auxerre, le plus fçavant perfonnage qui fût dans toute l'Eglife Latine à la fin du neuviéme fiecle, & difciple d'Heric, Moine du même Monaftere, également diftingué par fa fcience & fes talens ; avec qui il compofa en l'honneur de S. Germain d'Auxerre, des Répons d'un chant fi mélodieux & d'un fi bon goût, que l'Eglife d'Autun les adopta pour la fête du même S. Germain, & s'en fervit depuis dans la compofition de quelques autres Offices.

Huchaud, Moine de S. Amand en Flandres, dont il a déja été parlé, difciple de Remy d'Auxerre, enrichit beaucoup d'Eglifes de fon chant, entr'autres celles de Meaux & de Nevers. Le maître & le difciple ont tous deux écrit des traités fur la Mufique.

On peut joindre à Hucbaud pour l'habileté, Aurelien, Moine de Moutier-Saint-Jean ; Sigebert, Moine de Gemblours ; Durand, Moine

Moine de S. Vandrille ; Guitmond, Moine de S. Evroul ; & une infinité d'autres, dont les noms seroient trop longs à rapporter.

Parmi les Abbés ou Moines, ceux qui ne jugeoient pas à propos de rien composer de nouveau, s'occupoient à transcrire ou à corriger les livres de Chant, ou bien à écrire des traités sur cette matiere.

On ne doit pas oublier de remarquer ici, qu'il y eut en France des Abbés si zélés pour le Chant ecclésiastique, qu'ils ne recevoient chez eux aucun Religieux qui ne sçût le Chant, entr'autres Guillaume, Abbé d'Andern, vers l'an onze cent cinquante. Dans les siecles passés, les Chantres ou Préchantres de la plupart des Eglises, après être parvenus à l'Episcopat, se faisoient encore un honneur non-seulement d'entonner une Antienne, mais de chanter seuls certaines piéces de Chant bien plus considérables. D'où se forma sans doute la coutume par laquelle à Sens, où le Chant a toujours beaucoup fleuri, l'Archevêque devoit chanter le premier Répons de l'année, qui étoit *Aspiciens*, après la premiere Leçon du premier Dimanche de l'Avent.

En Normandie le célébrant, quel qu'il fût, le Jeudi-Saint devoit chanter à l'Autel la premiere Antienne de Vêpres *Calicem*. Or primitivement une Antienne ne s'entonnoit pas seulement, elle se disoit toute entiere pour donner le ton au Pseaume.

A Beauvais, le premier distique du *Gloria laus* du Dimanche des Rameaux, étoit chanté par l'Evêque.

A Evreux, le sixiéme Répons de Matines de presque toutes les grandes fêtes, se chantoit aussi par l'Evêque.

Il ne faut pas s'étonner après cela si selon la Regle du Maître, c'étoit à l'Abbé à chanter l'Invitatoire de Matines. Dans beaucoup de Chapitres encore de nos jours, ce sont les premieres Dignités ; & dans les Communautés Religieuses, c'est d'ordinaire au Souprieur & à deux ou trois des plus anciens à le chanter : du moins je l'ai vû pratiquer ainsi entr'autres par Messieurs les Chanoines Réguliers Prémontrés de l'Abbaye Royale de S. Martin de Laon, qui est recommandable par son antiquité, par les grands hommes qu'elle a donnés à l'Eglise, & par les bienfaits dont les Souverains Pontifes & nos Rois l'ont comblée.

J'ai dit que selon la Regle du Maître, c'étoit à l'Abbé à chanter l'Invitatoire de Matines, mais ce n'est pas tout ; car dans la fameuse Abbaye de S. Tron aux Pays-Bas, c'étoit aussi anciennement la coutume que l'Abbé chantât un Répons à Matines des Fêtes annuelles : de-là vint sans doute la coutume par laquelle les Evêques faisoient l'Office de Chantre aux Obseques des Rois.

On lit qu'à la Translation de S. Magloire l'an 1315, l'Evêque de Laon célébrant la Messe, l'Abbé de S. Germain des Prés & l'Abbé

B

de Ste Géneviéve tinrent chœur , & que pour chanter *l'Alleluia*,
l'Abbé de S. Denis fe joignit à eux avec l'Évêque de Sagonne ; &,
comme dit un Poëte de ce tems-là , ils chanterent

> *L'ALLELUIA mout hautement ,*
> *Et bien & mefurément.*

Enfin on ne peut mieux faire comprendre aux jeunes Eccléfiaftiques & Religieux de nos jours la haute idée qu'ils doivent avoir du
Chant de l'Eglife , qu'en leur faifant envifager l'eftime qu'en faifoient
les anciens dans l'importance des Perfonnages qui ont pris foin de
le compofer ou de l'enfeigner.

Le premier qui fe préfente eft S. Gregoire Pape , que l'on peut
regarder comme Patron du Chant & des Chantres ; car quoique
l'on eût chanté dans l'Eglife Latine auffi bien que dans la Grecque
long-tems avant lui , & qu'il n'ait fait que donner un nouvel ordre
à l'ancien Chant en y corrigeant , y ajoutant , y réformant ; combien la Religion ne lui eft-elle pas redevable du foin qu'il a pris de
compiler , c'eft-à-dire de prendre ou de puifer dé tous côtés des
Chants , pour choifir dans ce prodigieux affemblage de modulations
ce qui lui plairoit davantage , & en faire un volume ou recueil choifi,
qui a communiqué par la fuite au corps du Chant eccléfiaftique le
nom de *Chant Grégorien* ?

D'ailleurs cet incomparable Pontife n'a-t-il pas donné à toute
l'Eglife le modele de l'humilité la plus profonde & de la charité la
plus parfaite , en ne dédaignant pas de fe confordre parmi une foule
d'enfans pour leur enfeigner le Chant le fouet à la main , pour les
rendre attentifs en les intimidant ? auffi lui applique-t-on avec grande
raifon l'éloge que l'Eccléfiaftique fait de David en ces termes : » Il a
» établi des Chantres pour être devant l'Autel , & il a accompa-
» gné leurs chants de doux concerts de Mufique ; il a rendu les Fêtes
» plus célébres , & il a orné les jours facrés jufqu'à la fin de fa vie ,
» afin qu'Ifraël louât le faint Nom du Seigneur , & que dès le matin il
» rendît gloire à fa Sainteté. *Stare fecit cantores contra altare , & in fono*
eorum dulces fecit modos. Et dedit in eelebrationibus decus , & ornavit
tempora ufque ad confummationem vitæ, ut laudarent nomem fanctum Do-
mini , & amplificarent mane Dei fanctitatem. ECCLESIAST. cap. 47
v. 11 , 12.

Celui d'entre fes fucceffeurs qui paroit le plus mériter une partie
du même éloge , eft Innocent III. de la compofition duquel eft l'excellente Profe *Veni fancte Spiritus , & emitte cœlitus lucis tuæ radium*.

On rapporte de S. Nifier Prêtre , depuis Archevêque de Lyon ,
qu'auffi-tôt que les enfans pouvoient parler , il les mettoit à la lecture & au Chant des Pfeaumes.

On rapporte auſſi de S. Quintien, Evêque de Clermont, qu'il fit tant d'eſtime de la belle voix du jeune enfant Gal, que l'ayant entendu dans un Monaſtere, il le tira de ce lieu, & l'amena en ſa Ville épiſcopale, pour y être l'ornement du Chant eccléſiaſtique.

Giroald, Évêque d'Evreux au VII. ſiecle, ſe retira à l'Abbaye de S. Vandrille, où il enſeigna le Chant.

La réputation d'Arnoul, Chantre de l'Egliſe Cathédrale de Chartres, diſciple de Fulbert, attira à ſon école les jeunes gens de Normandie.

L'on diroit même qu'il y avoit dans les ſiecles paſſés une bénédiction particuliere attachée à la ſcience du Chant, tant pour les Maîtres que pour les Ecoliers, & qu'elle a ſervi comme d'échelle à la plûpart, pour s'élever au comble des honneurs & des dignités ; car par exemple on aſſure que Gui-Arétin fut Abbé.

Dans le XII. ſiecle un nommé Hebert, né Juif, élevé parmi les enfans de Reims, puis écolier à Chartres, fameux par la beauté de ſa voix, devint Abbé de Lagny.

Gui étoit Préchantre de l'Egliſe du Mans, & montroit le Chant aux enfans lorſqu'il ſuccéda dans l'Evêché de cette Egliſe au célébre Hildebert.

S. Gerald né en Querci, Archevêque de Bragues, qui vivoit ſur la fin du XI. ſiecle, étant Moine de Moiſſac, s'étoit fait un devoir d'enſeigner le Chant aux Religieux qui ne le ſçavoient pas.

Etienne Corévêque & Abbé de Lobbes au IX. ſiecle, paroît avoir ſervi dans ſon enfance l'Egliſe de Mets, alors fort célébre par la ſcience du Chant.

On voit dans l'Egliſe de S. Jean de Lyon la tombe d'un Cardinal, qui avoit commencé par y être enfant-de-chœur.

Enfin le Pape Urbain IV. dont il eſt marqué qu'il avoit une belle voix, & qu'il fut expert dans le Chant, avoit auſſi été élevé à Troyes parmi les enfans de la Cathédrale à la fin du XII ſiecle. On doit d'autant moins s'étonner de ces grands événemens, que les écoles de Chant des Cathédrales n'ont pas toujours été ſur le pied qu'elles ſont aujourd'hui. La Muſique qu'ils appelloient *Déchant* n'étant point alors ſi commune, & n'étant point ſi variée qu'elle l'eſt de nos jours, il reſtoit après la ſcience du Plein-Chant & de la lecture beaucoup plus de loiſir pour l'étude de la Grammaire ; de façon qu'il ſortoit quelquefois de ces écoles des enfans très-habiles pour ces tems-là.

Comme je crois avoir aſſez rapporté de preuves touchantes & convaincantes de l'eſtime que les anciens faiſoient du Chant, & du zele qu'ils avoient non-ſeulement à l'apprendre par devoir & obli-

gation, & pour leur propre utitilé , mais encore à l'enfeigner ou le
faire enfeigner aux enfans par des gens fçavans & diftingués , tels
que les Chantres ou Préchantres, même des Eglifes Cathédrales , ou
au moins les Souchantres , & à leur défaut quelque dignité : je quitte
cette matiere pour faire obferver aux jeunes Eccléfiaftiques & Religieux à qui je parle,& qui font le principal objet de ce petit Ouvrage,
qu'il ne leur fuffit pas d'imiter l'ardeur de ces grands hommes à apprendre
& enfeigner le Chant, mais qu'ils doivent auffi & en même tems travailler à acquérir leur pureté de cœur , leur modeftie & leur piété ,
qui font les aîles du Chant & des Prieres de l'Eglife. C'eft ce que notre bienheureux Pere S. Benoît recommande à fes Religieux en ces
termes : *Si cum hominibus potentibus volumus aliqua fuggerere, non prœ-
fumimus nifi cum humilitate & reverentia ; quanto magis Domino Deo
univerforum cum omni humilitate & puritatis devotione fupplicandum eft?
Et .... in puritate cordis & compunctione lacrimarum nos exaudiri
fciamus. Reg. cap. 20.*

Car en chantant il faut fe régler fur ce principe , que l'Office divin bien ou mal chanté , eft une fource de bonheur ou de malheur ;
parce qu'étant inftitué, felon la remarque d'un grand Cardinal , pour
le fervice de l'Eglife , pour l'édification des fideles , pour la joye des
Anges , pour la gloire des Saints , & fur-tout pour rendre à Dieu un
culte digne de fa Majefté ; on ne le peut chanter négligemment ,
fans fe rendre indigne de la grace de Dieu , de l'interceffion des
Saints , de la protection des Anges , des fuffrages des fideles , &
des faveurs que Jefus-Chrift y communique à l'Eglife fon époufe.

Il eft évident par la même raifon , que rien n'eft plus capable d'at-
tirer les bénédictions du Ciel , que l'Office divin chanté avec toute
l'exactitude , le zele , la piété & la modeftie convenables à une action fi fainte , qui étant bien faite , c'eft-à-dire avec un ton animé ,
une ferveur & une attention dignes des paroles du Saint-Efprit ,
marque une ame élevée en Dieu , qui en eft glorifié , & le prochain
édifié ; au lieu que toute négligence , langueur , irréverence , préci-
pitation ou diffipation d'efprit dans un emploi fi relevé, deshonore &
irrite Dieu , & fcandalife le prochain.

En faut-il davantage pour engager toutes les perfonnes confacrées
au fervice de Dieu dans l'état eccléfiaftique ou religieux, à éviter de
toute l'étendue de leurs foins la malédiction prononcée contr'eux ,
s'il leur arrive de réciter ou de chanter l'Office divin avec tiédeur
ou négligence. *Maledictus ,* dit Dieu par la bouche du Prophete
Jeremie , *qui facit opus Domini fraudulenter,* ou fuivant quelques ver-
fions, *negligenter. JEREM. 48. v. 10.* Et ne devroient-ils pas au con-

traire s'efforcer d'être du nombre de ceux dont il eſt écrit, »bienheureux eſt le Peuple qui ſçait chanter les louanges de Dieu, *beatus
populus qui ſcit jubilationem*, & mériter par-là tant pour eux que pour
les autres, non-ſeulement les bénédictions ſpirituelles, mais encore
les temporelles, dont le Saint-Eſprit nous parle en langage figuré par
la bouche du Roy Prophete : »Vos champs ſeront remplis par l'abon-
» dance de toutes ſortes de fruits. Les lieux déſerts deviendront agréa-
» bles & s'engraiſſeront, & les collines deviendront riantes par la mul-
» titude des biens dont elles ſeront couvertes. Les vallées ſeront plei-
» nes de froment. *Campi tui replebuntur ubertate. Pingueſcent ſpecioſa
deſerti, & exultatione colles accingentur . . . valles abundabunt frumento.*
Pourquoi ces bénédictions ſur une Province, ſur une Ville, ſur
une Paroiſſe, ſur un Chapitre, ſur une Communauté Religieuſe ?
parce que les Eccléſiaſtiques & les Religieux de ces cantons ſe ſou-
venant que Dieu veut être ſervi, loué, adoré en eſprit & en vérité, y
feront ſans ceſſe l'Office divin plus de cœur que de bouche, & que
l'on n'y entendra que des cris de joye, *clamabunt ;* parce qu'on y cé-
lébrera le Nom du Seigneur avec magnificence, & qu'on y chantera
des Hymnes à l'honneur de ſes grandeurs & en action de grace de ſes
bienfaits, *Etenim hymnum dicent.*
En effet, à qui convient-il d'avantage qu'à des Eccléſiaſtiques &
à des Religieux de marcher en ce point ſur les traces du ſaint Roy
David, qui ne demandoit rien à Dieu plus ardemment que d'avoir
la bouche remplie de ſes louanges, afin de chanter ſa gloire, & d'être
continuellement appliqué à publier ſa grandeur ; en l'aſſurant que ſes
lévres feroient retentir leur allégreſſe au milieu des airs qu'il chan-
teroit à ſa louange, & que ſon ame rachetée en treſſailliroit de joye;
& que ſçachant que l'homme qui eſt malin ne peut demeurer près
de lui, ni les injuſtes ſubſiſter devant ſes yeux ; connoiſſant qu'il hait
tous ceux qui commettent l'iniquité ; qu'il perd toutes les perſonnes qui proferent le menſonge, & qu'il a en abomination l'homme
ſanguinaire & trompeur, il ſe garderoit bien d'entrer dans ſa mai-
ſon autrement qu'en ſe confiant dans l'abondance de ſa miſericorde,
& que rempli de ſa crainte il l'adoreroit dans ſon ſaint Temple : qu'il
paroîtroit devant ſes yeux avec la ſeule juſtice : qu'il le loueroit &
lui rendroit graces de tout ſon cœur; qu'il lui rendroit gloire à la vûe des
Anges ; & qu'il publieroit les louanges de ſon ſaint Nom : enfin qu'il
s'acquiteroit de ſes vœux envers lui devant tout ſon Peuple. *Repleatur
os meum laude, ut cantem gloriam tuam totâ die magnitudinem tuam . . . .
Exultabunt labia mea cum cantavero tibi, & anima mea quam redemiſti
. . . . . . Confitebor tibi Domine in toto corde mea . . . . . In conſpectu*

Angelorum pfallam tibi . . . . Et Confitebor nomini tuo . . . . Vota mea Domino reddam coram omni populo ejus.

Auffi l'Eccléfiaftique ne manque-t-il pas de rendre à David le témoignage d'avoir dans toutes fes œuvres rendu fes actions de graces au Saint, & d'avoir beni le Très-haut par des paroles pleines de fa gloire; d'avoir loué le Seigneur de tout fon cœur; d'avoir aimé le Dieu qui l'avoit créé & qui l'avoir rendu fort contre fes ennemis. *In omni opere dedit confeffionem fancto & exelfo in verbo gloriæ. De omni corde fuo laudavit Dominum, & dilexit Deum qui fecit illum, & dedit illi contra inimicos potentiam.*

Voilà le modele que doivent imiter tous ceux qui par leur état font chargés de l'Office public: car le faire autrement que David, c'eft-à-dire fans que le cœur fuive la voix, fans que l'efprit & la langue foient d'accord; avoir la penfée éloignée du fens des paroles; dire un & penfer l'autre; avoir le corps au chœur & l'efprit par les rues, c'eft perdre tout le fruit de ce faint exercice par un chant fans ame & fans mérite. *Non enim,* dit faint Jérôme, *verbis tantum fed corde orandus Deus eft. Quapropter melius eft quinque pfalmorum cantatio cum cordis puritate ac ferenitate, cum fpirituali hilaritate, quam totius pfalterii modulatio cum anxietate cordis atque triftitia.* D. HIERON. *in Leviticum.*

S. Cyprien établit la même maxime en ces termes: *Quando autem ftamus ad orationem, fratres dilectiffimi, invigilare & incumbere ad preces toto corde debemus. Cogitatio carnalis hominis & fecularis abfcedat, nec quicquam tunc animus aliud quam id folum cogitet, quod precatur. Ideo & Sacerdotes ante orationem præfatione præmiffa parant fratrum mentes, dicendo* furfum corda, *& dum refpondet plebs* habemus ad Dominum, *admoneatur nihil fe aliud quam Dominum cogitare debere. Claudatur contra adverfarium pectus, & foli Deo pateat, nec ad fe hoftem Dei tempore orationis venire patiatur.* D. CYPRIANUS, *& habetur de confideratione, diftinctione primâ quando autem.*

S. Auguftin & notre bienheureux Pere S. Benoît n'ont auffi fur cela qu'un même langage: *Ergo confideremus,* dit celui-ci, *qualiter oporteat nos in confpectu Divinitatis & Angelorum ejus effe; & fic ftemus ad pfallendum, ut mens noftra concordet voci noftræ. Reg. cap. 19.*

Pfalmis & Hymnis cum oratis Deum, dit S. Auguftin, *hoc verfetur in corde, quod profertur in voce. Reg. cap. 3.*

Tunc porro, dit le même Pere, *in toto corde clamatur quando aliunde non cogitatur.* AUG. *fuper pfal. 118.*

Quomodo, dit Saint Bafile, *obtinebit quis ut in oratione fenfus ejus non vagetur? fi certus fit adfiftere ante oculos Domini. Si quis intendat ita animam suam in singula verba psalmorum, sicut gustus intentus est ad discretionem saporis ciborum; iste est qui complet quod dicitur :* Psallite sapienter. BASIL. *in exam. lib. 9.*

On me pardonnera la répétition de deux passages importans rapportés dans la Préface, dont l'un va suivre immédiatement, & l'autre viendra en son lieu, & qui sont tout deux tirés de Cassiodore, qui de son côté nous crie : *Non solum cantantes, sed etiam intelligentes psallere debemus : nemo enim sapienter quicquam facit quod non intelligit.* CASSIODORUS *super psal.* Psallite sapienter.

Ce qui est encore entierement conforme à cet article de la Regle de notre bienheureux Pere S. Benoît que j'ai aussi cité dans la Préface : *Cantare autem aut legere non præsumat, nisi qui potest ipsum officium implere ut ædificentur audientes.* Reg. cap. 47.

En un mot ne pas suivre l'exemple de S. Bernard, c'est-à-dire ne pas mettre en entrant à l'Eglise toutes pensées vagues & inutiles derriere la porte, en disant avec lui : *Manete hic cogitationes meæ, ut anima mea ingrediatur sola in sanctuarium Dei.* Ne pas imiter l'attention & la piété de David ; ne pas faire comme lui un concert de sa voix & de son cœur ; n'avoir pas soin que notre ame & notre esprit chantent en même temps, c'est outrageusement dérober aux Chants d'Eglise le pouvoir qu'ils ont de dissiper nos ennuis, de ramener la joye dans les cœurs, de réveiller les hommes assoupis, de réjouir les affligés, de donner courage aux justes, & de convier les pécheurs à la pénitence, n'y ayant cœur pour endurci qu'il soit, que la douceur des Pseaumes n'attendrisse, & qu'elle ne fasse fondre en des larmes d'amour ; comme S. Augustin l'a éprouvé lui-même dans les commencemens de sa conversion. L'Ordre de Prémontré qui suit la Regle de ce saint Docteur, s'en explique ainsi dans les deux premieres Antiennes du troisiéme Nocturne, & dans le septiéme Répons de l'Office de sa Fête : *Flebat autem uberrime in hymnis & canticis, suave sonantis Ecclesiæ vocibus vehementer affectus . . . . Voces igitur illæ influebant auribus ejus, & eliquabatur veritas in cor ejus, & fluebant lacrimæ, & bene illi erat cum eis . . . . Vulneraverat charitas Christi cor ejus . . . . . Ascendenti à convalle plorationis, & cantanti canticum graduum dederat sagittas acutas.* Et il s'en trouve encore de tems-en-tems aujourd'hui, qui comme S. Augustin pleurent leurs péchés, & chantent tout ensemble les louanges de Dieu. Car le chant des Pseaumes étant institué pour nous donner en cette vie un essai du Paradis, & pour exercer ici-bas les concerts que l'Eglise triomphante doit chanter durant l'éternité ; il n'est pas douteux que ce Chant, lorsqu'il se fait dans l'ordre & l'esprit convenables, ne produise de merveilleux effets, tantôt en tirant les larmes de nos yeux, tantôt en nous attirant à l'oraifon. *Pfalmus*, dit S. Bafile, *demones fugat, Angelos ad adjutorium falutis invitat; fcutum eft in noɗurnis terroribus, diurnorum requies laborum, tutela pueris, juvenibus ornamentum, folamen fenibus, mulieribus aptiffimus decor; defertas habitari facit urbes, fobrietatem docet, incipientibus primum efficitur elementum, proficientibus incrementum, perfeɗis ftabile firmamentum. BASIL. in exam. lib. 9.*

Ne peut-on pas auffi interpréter en faveur du Chant, ce que Caffiodore femble ne dire que de la priere en général ? Voici fes termes: *Oratio ferenat cor, abftrahit à terrenis, mundat à vitiis, fublevat ad cœleftia, reddit capacius & dignius ad accipienda bona fpiritualia.*

Mais fi quelqu'un trouvoit cette interprétation forcée, voici quelque chofe de plus pofitif. *In Pfalmis,* dit-il, *vincitur mundus, plorando fuperatur diabolus ; & cui nullæ cohortes ad pugnandum fufficiunt, oratione unius pauperis inclinatur.* Et pour plus grande & derniere confirmation : *Pfalmodia,* dit le même Caffiodore, *eft confolatio flentium, cura dolentium, fanitas ægrotorum, hæc animæ remedium, hæc miferiarum omnium cognofcitur effe fuffragium ; nam qui tali munere privatur, ab omnibus beneficio confolationis excluditur.*

C'eft ce goût & cette confolation qui faifoit que David s'écrioit: *Bonum eft confiteri Domino, & pfallere nomini tuo altiffime ... Quam dulcia faucibus meis eloquia tua fuper mel ori meo .... Pfallite nomini ejus quoniam fuave.*

Mais ne doit-on pas dire à ce fujet comme S. Auguftin : *Da amantem, da defiderantem, da fitientem, & fentiet quid dicam ; fi autem frigido loquor, nefcit quid loquor. AUG. traɗ. 26. in Joan.* Car par un malheur que l'on ne fçauroit affez déplorer; parmi le nombre infini d'Eccléfiaftiques & de Religieux, combien s'en trouve-t-il qui ne s'étant engagés dans cet état que par des vûes humaines, n'ont pas le goût qu'ils devroient avoir pour toutes les fonɗions qui y font attachées?

Quel fecours & quelle édification l'Eglife peut-elle recevoir de gens de cette efpece, qui tout abforbés dans la baffeffe de la terre, & préoccupés des vains plaifirs & des fauffes maximes du monde, devenant ennemis jurés de l'ordre & de la difcipline eccléfiaftique & religieufe, répandent fur toutes les aɗions & obligations de leur état un air de dépit, d'ennui & de mépris, qui ne laiffe pas lieu de douter qu'ils n'ayent auffi pour les prieres & les cérémonies les plus auguftes & les plus facrées de l'Eglife, un éloignement & un dégoût d'autant plus grand, qu'elles exigent un recueillement & des décences dont ils ne font pas capables, & les dérobent malgré-eux aux déreglemens de leur imagination & aux égaremens de leur cœur?

Totâ

Totâ Die verba mea execrabantur, adversum me omnes cogitationes eorum in malum. Psal. 55.

Mais entendons quelque chose de plus détaillé dans le portrait que Hugues de S. Victor nous fait en particulier d'un Moine las de son état. *In choro sum corpore, & in aliquo negotio mente : nunc intus maneo, nunc foris exeo : aliud canto, & aliud cogito : psalmodiæ verba profero , & psalmodiæ sensum non attendo : sed mente vagus , habitu dissolutus , oculis attonitus , huc & illuc prospiciens , quæcumque ibi geruntur perlustro & perspicio : habitum monachi non conversationem habens, in magnâ coronâ & amplâ cucullâ salva mihi omnia existimo. Hug. de anim. lib. 10.*

Doit-on s'étonner après cela des fléaux dont Dieu afflige de tems-en-tems les peuples ? les négligences & irréverences des mauvais Eccléfiaftiques & Religieux n'y ont-elles pas autant de part, que les déréglemens & les péchés de féculiers ? Oui fans doute ; car on peut appliquer à de pareils miniftres d'Eglife cette Sentence de S. Auguftin : *Plus placet Deo latratus canum , mugitus boum , grunnitus porcorum, quam cantus clericorum luxuriantium. Aug. in Psal.* 85. Quoiqu'une autorité auffi refpectable ne doive nous laiffer aucun doute que cela ne foit ainfi, je veux bien y joindre celle de S. Ifidore. *Quid prodeft ,* dit-il , *ftrepitus labiorum ubi cor eft mutum ? ficut enim vox fine modulatione eft quafi vox porcorum, fic oratio fine devotione eft quafi mugitus boum. D. Isidor. lib.* 3 *de fummo bono.*

Et quelle apparence y-a-t-il que cela foit autrement ? puifque Caffiodore nous apprend que *ipfius eft oratio perfecta cujus & caufa clamat, & lingua & actus, & fermo & vita & cogitatio. Cassiod. fuper Pfal.* 16.

Ipfa eft fuaviffima virtus harmoniæ, dit-il encore, *quando vox cognofcitur operibus confonare : nam fi hæ duæ res difcrepabili varietate diffentiant, nequaquam poffunt pfalmodiæ temperatam efficere cantilenam, nec ad aures Domini venit quod fe mutuâ varietate confundit. Cassiod. fuper Pfal.*

C'eft affurément bien peu fe refpecter en tout point, que de s'expofer ainfi à la rifée & au mépris de tout le monde, faute de vouloir faire le moindre effort pour s'acquitter comme il convient d'une des obligations de l'état eccléfiaftique & religieux la moins pénible ; puifque cela fe réduit principalement à la récitation de quelques Antiennes , Répons & Pfeaumes ; travail bien doux en comparaifon de celui d'un Officier de guerre , d'un Magiftrat , d'un Sçavant , & de celui qui eft attaché à une infinité d'autres Profeffions diftinguées, dans lefquelles on porte envie au bonheur qu'ont les gens d'Eglife, de pouvoir fe faire aimer, refpecter, & fe fanctifier à fi peu de frais, lorf-

C

qu'ils vivent felon leur état : *Melior eſt dies una in atriis tuis ſuper mil-*
lia . . . . Beata gens cujus eſt Dominus Deus ejus, populus quem
elegit in hœreditatem ſibi . . . . Et enim hœreditas præclara . . . .
Et calix . . . . inebrians quam præclarus eſt.

Altiſima eſt , leur dit Guillaume , Abbé de S. Thierry , *profeſſio veſ-*
tra : cælos tranſcendit ; par Angelis eſt , Angelicæ ſimilis puritati ; non
enim ſolum noviſtis omnem ſanctitatem, ſed omnis ſanctitatis perfectionem,
& omnis conſommationis finem. GUILL. *Abbas S. Theodor. Epiſt. ad*
fratres de monte Dei.

Pour ce qui regarde en particulier le chant des Pſeaumes , qui
compoſent la plus grande partie de l'Office ou des Heures Canoniales , outre qu'il ne peut preſque être regardé comme un travail , les
regles en ſont ſi aiſées, que tout le monde eſt capable de les obſerver.
Elles conſiſtent uniquement dans l'intonation, la médiation, & la concluſion ; c'eſt-à-dire à commencer tous enſemble chaque verſet du
Pſeaume qui ſe chante, après qu'il a été entonné par ceux qui en ſont
chargés , obſervant de ne jamais commencer un verſet, que l'autre
chœur n'ait entierement achevé le ſien ; à ſe repoſer tous enſemble
au milieu du verſet , ce qui s'appelle faire la médiation ; en un mot,
à s'écouter ſi bien les uns les autres, qu'on ſe ſuive tous ſyllabe à ſyllabe, intelligiblement, & ſans ſe preſſer à la vérité, mais auſſi ſans trop
traîner ſur aucun ; c'eſt-à-dire qu'il faut couler rondement & également par-tout , comme le moyen le plus ſûr de ſe conformer autant
à ce que David demande de nous , quand il nous exhorte à chanter
avec ſageſſe : *Pſallite regi noſtro, pſallite quoniam rex omnis terræ Deus;*
Pſallite ſapienter ; qu'à la maniere de chanter que S. Bernard avoit
établie parmi ſes Religieux, comme on le voit dans un ancien Sta-
tut de ſon Ordre. *Pſalmodiam non nimium protrahamus, ſed rotundâ &*
vivâ voce cantemus.

C'eſt enfin en obſervant exactement ces trois points capitaux, intonation , médiation, & concluſion, en la maniere que je viens de les
expliquer , que l'on évitera toute confuſion dans un Chœur , & cette
foudroyante parole de Dieu par la bouche du Prophete Amos : Otez-
» moi le bruit tumultueux de vos cantiques : je n'écouterai point les
» airs que vous chantez. *Aufer à me tumultum cárminum tuorum, & can-*
tica lyræ tuæ non audiam. AMOS. 5. 23.

CHAPITRE II.

*De la voix ; & comment elle se forme, se conserve,
& se détruit.*

L'Harmonie ayant la propriété de charmer l'oreille , de persua-
der l'esprit, & de toucher le cœur ; la voix qui par ses accens
& ses diverses infléxions en est l'ame , le principal & le plus noble
instrument, mérite bien que l'on soit un peu curieux de sçavoir son
excellence , & les soins qu'elle demande.

L'expérience fait voir que tout le monde n'a pas de la voix pour
chanter, comme pour parler ; & qu'en vain on se serviroit d'un bon
maître pour forcer la nature à donner de la voix, s'il n'y en a quelqu'apparence , & sur-tout de l'oreille.

Ce n'est pas que la voix ne puisse s'acquérir par le grand exercice,
ou pour mieux dire, se rétablir lorsqu'elle s'est perdue par la muance
qui arrive d'ordinaire entre l'âge de 15 & 20 ans dans le sexe mascu-
lin seulement ; & l'on en a vû même qui poussés de desespoir de se
voir privés d'un avantage si charmant, ont forcé par un travail aussi
pénible que desagréable , la nature à leur rendre ce qu'elle leur avoit
ôté , & sont enfin parvenus à un haut dégré de perfection dans l'art
de bien chanter, à force de pousser des tons que l'on auroit plûtôt
pris pour des cris & des hurlemens, que pour des sons harmonieux.

On peut bien aussi par un exercice continuel, corriger le défaut
d'une voix , même faire sortir celle qui étoit comme renfermée, &
de grossiere la rendre délicate, de fausse la rendre juste, & de rude
la rendre douce : mais de rien on ne peut rien faire ; & il faut toujours en avoir une bonne ou mauvaise, avant que de songer à la
cultiver.

Quoique le gosier paroisse être le principal organe de la voix ,
parce que l'on suppose que c'est par la diversité du mouvement de
ses cartilages, qu'il produit la diversité des tons de la voix ; néanmoins l'on attribue communément à la trachée-artere, l'avantage
d'être le premier, le plus proche, & le plus propre organe de la voix ;
& l'on se fonde sur ce que selon qu'elle s'élargit ou se resserre, la
voix devient haute ou basse, déliée ou grosse ; ou pour mieux dire,
on prétend que c'est elle qui en se dilatant, ou en s'étréciffant avec

C ij

l'aritenoïde à l'aide des muscles du larynx, & par le moyen de l'épiglotte, fait la voix de *superius* ou de *basse-taille*, de *basse-contre* ou de *haute-contre*.

On prétend aussi que quand la trachée-artere est unie, nette, & d'une belle proportion, elle rend la voix douce & gracieuse; & que si au contraire elle est roboteuse & inégalement large, ou étroite, ou tortue, elle rend la voix trop déliée, ou basse, ou discordante.

Enfin on assure que la luette ou petite membrane cartilagineuse posée sur la trachée-artere, comme les doigts sur une flûte ou sur un flageolet, lorsqu'elle est bien proportionnée; c'est-à-dire lorsqu'elle n'est ni trop grosse & pesante, ni trop petite, contribue infiniment à la force & à la beauté de la voix; parce que réglant le volume d'air qui doit entrer & celui qui doit sortir, elle articule plus ou moins la voix suivant le sujet & les circonstances, lui donne ses agrémens, & mesure ses cadances ou tremblemens.

Mais de peur que ces excellens instrumens de la voix ne paroissent nous faire oublier le mérite des autres qui sont encore en grand nombre, disons en général que la voix est un son articulé, qui a pour concurrens à cet effet les poumons, les muscles d'entre les côtes, la trachée-artere, la luette, & le gosier.

Les poumons de leur nature attirent l'air; les muscles de la poitrine le pressent & le repoussent; la trachée-artere y porte & en rapporte l'air; la luette est son extrémité supérieure, & le gosier est une chair qui la couvre.

L'air étant donc attiré par les poumons & repoussé par les muscles, se forme en voix par le choc & la résistance qu'il trouve au passage du gosier.

Les lévres, les machoires, les dents, la bouche, la langue, le palais, & les narines, y contribuent, & aident à lui donner plus ou moins d'agrémens suivant leur bonne ou mauvaise conformation, accord, & proportion relativement à la voix : car tel est accompli dans toutes les parties de son corps, qui ou n'a que peu ou point de voix, ou l'a très-mauvaise & très-desagréable à entendre; pendant qu'un autre qui n'a rien de beau ni de régulier dans aucune partie de son corps, ou qui même est le plus souvent de figure toute contre-faite & insoutenable, se trouve doué de la plus jolie voix du monde. Et parce que la langue lui donne ses principales infléxions, on lui attribue la voix par préférence; & cela est si vrai, que si elle est trop humide, comme dans les enfans, elle cause le begayement à raison de sa pesanteur; d'où il arrive pareillement que ceux qui sont yvres, bredouillent.

Le palais eft voûté, & fait dans la formation de la voix le même office que le corps du luth fait dans l'harmonie ; la langue eft comme les cordes , & les lévres comme les doigts qui les touchent.

Pour juger des influences que l'harmonie en général a fur l'efprit, il ne faut que faire attention à l'exemple de Saül , qui dans les vertiges dont il étoit fouvent agité , trouvoit un remede prompt & efficace dans les fons que David tiroit de fa harpe.

On lit auffi qu'un habile Muficien, qui prétendoit par le fon de fon inftrument infpirer aux hommes telle paffion qu'il voudroit, ayant paru à la Cour d'Eric , Roy de Dannemarc , ce Prince voulut en faire l'expérience en lui ordonnant de jouer un air qui le mît en colere : le Muficien obéit après avoir prié le Roy de fe défaire de fon épée ; mais à peine ce Prince avoit-il commencé de donner attention à cette Mufique , qu'il entra dans une fi grande furie , que fortant de la chambre , il fe jetta fur un de fes Gardes , & lui arracha fon épée dont il bleffa plufieurs perfonnes , & auroit tué le Muficien même, s'il n'eût prévenu l'effet de fa Mufique par une prompte fuite.

Si cela arriva par quelque pouvoir magique , on n'en fçait rien ; mais il eft certain qu'en écoutant une belle Mufique vocale , mêlée d'inftrumens délicatement touchés , on fe fent tranfporté de certains mouvemens , qui ne reffemblent pas mal à la paffion que la Mufique veut exprimer.

Quoi qu'il en foit, c'eft un beau don que d'avoir une belle voix, & l'on ne fe la peut conferver qu'en fe confervant la fanté ; c'eft pourquoi l'on confeille à ceux qui ont un fi bel avantage, de fe modérer dans toutes leurs actions, & d'être fobres particulierement à l'égard du vin, qui étant la plus excellente de toutes les boiffons & la plus naturelle de toutes les liqueurs fortes & fpiritueufes , feroit fans contredit le plus fimple & le meilleur cordial dont on pût ufer en toute occafion, fi l'on n'y étoit pas fi accoutumé.

On appelle *cordial* ou *cardiaque*, tout ce qui fert à fortifier le cœur & à ranimer les efprits, & les forces abattues par le travail, par les maladies, ou telle autre caufe que ce puiffe être.

Galien l'employoit dans les maladies , même contre les fyncopes, auffi bien que dans les fiévres continues ; au lieu d'un tas important de tablettes, opiates, & poudres cordiales , qui ne font qu'à peine, longuement, à grands frais, & le plus fouvent rien de ce que feroit bientôt & bien aifément un doigt de bon vin.

Plutarque raconte que l'on ne fçut trouver autre moyen pour arrêter & empêcher la grande pefte qui ruinoit l'armée de Jules-Céfar en Afrique, que de faire boire de bon vin aux foldats ; & ce cruel fléau ceffa auffi-tôt, & comme miraculeufement.

Auffi plufieurs anciens Médecins habiles & expérimentés, de la Faculté de Paris, l'ont appellé en pareilles circonftances *cardiacum cardiacorum*, le cardiaque des cardiaques, après avoir reconnu toute fa bonté en ces occafions ; car le vin par fa fubtilité paffe fort aifément, & par fa force répare promptement les efprits, conforte le cœur & les autres parties nobles : pourvu que l'ufage en foit modéré, on le trouvera plus utile par dedans, & par dehors pour le lavement des mains & du vifage, fpécialement à ceux qui ont coutume d'en ufer, & à qui il n'eft point défendu pour quelque raifon particuliere ; on le trouvera, dis-je, plus fecourable que quelques cordiaux qui font recommandés pour leurs vertus occultes.

Cela eft fi vrai, que l'on regarde aujourd'hui les alimens fucculens, & les bons vins pris modérément, comme un antidote excellent dans les maladies contagieufes & épidémiques, non-feulement parce qu'ils banniffent la peur & la crainte, mais auffi parce qu'ils rendent le cours de la tranfpiration fi copieux & fi libre, & confervent un atmofphere fi active & fi vive, qu'ils ne permettent à aucune vapeur nuifible, ni à aucun mélange de l'air d'y entrer, mais chaffent & écartent l'ennemi au loin. C'eft fans doute par cette raifon que tant ceux qui font robuftes & jouiffent d'une parfaite fanté, que ceux qui ont bû des liqueurs fortes affez copieufement, pour avoir par ce moyen une circulation & une tranfpiration vigoureufe, gagnent rarement du froid, & ne s'enrhument prefque jamais, étant impoffible que les particules nitreufes & aqueufes de l'air s'infinuent dans les conduits & cavités du corps tant que la tranfpiration eft forte, vigoureufe & pleine ; parce que la force des vapeurs exterieures de la tranfpiration eft plus grande que la force par le moyen de laquelle ces mélanges nuifibles entrent, à moins que le corps ne foit imprudemment expofé trop long-tems, ou que l'action des mélanges aqueux & nitreux ne foient extrêmement violente.

Il n'en eft pas de même des perfonnes maladives, fédentaires, & attachées à l'étude, ni de celles qui ont les nerfs affoiblis, dans lefquelles le reffort des couvertures & des écailles qui défendent l'entrée des conduits de la tranfpiration eft foible, & qui tranfpirent peu ou prefque point du tout, & dont le fang eft en mauvais état ; car les particules nitreufes & aqueufes de l'air entrent librement & promptement par ces conduits dans le fang ; & en rompant fes globules, & fixant fa fluidité, elles empêchent entierement la tranfpiration, & bouchent tous les vaiffeaux capillaires, les glandes de la peau, & celles

des poumons & des paſſages alimentaires, quand de tels corps ſont
long-tems expoſés à un tel air.

Mais quoique le vin qui nous a fait faire ces petites digreſſions cu-
rieuſes, ſoit le lait des vieilles gens, le ſuc gracieux de la terre, la
vraie nourriture de tous les hommes, l'antidote de tous les venins,
plûtôt que le beſoard controuvé, ou la fauſſe corne de licorne : en
un mot la meilleure boiſſon que puiſſe prendre l'homme, pourvû qu'il
en uſe ſobrement & ſans excès ; cela n'a pas empêché pluſieurs perſonnes de le blâmer & de le décrier, les uns l'appellant le malheur
des hommes, l'alumette de la lubricité, & la ſource de toute intem-
pérance ; d'autres l'ont nommé par mépris la ciguë de l'homme, le
ſang de la terre, le poiſon de la vie humaine, le fiel des démons,
l'urine des diables.

Les Rois d'Egypte ont été long-tems ſans boire du vin, & ne s'en
ſervoient nullement, pas même dans leurs ſacrifices : leur breuvage
ordinaire étoit l'eau du Nil ; leurs Prêtres & Sacrificateurs l'abhor-
roient, croyant entr'eux comme par ancienne tradition, que le vin
n'étoit autre choſe que le ſang des typhons & géans, & autres tyrans qui
firent la guerre aux dieux ; lequel mêlé avec la terre, auroit produit
la vigne au rapport de Plutarque.

Le vin tout ſeul fait preſqu'autant que tous les autres remedes enſemble.

Quelques Princes pour empêcher les frequentes revoltes de leurs
peuples, ont fait arracher les vignes & défendu l'uſage du vin, comme la principale cauſe de leur rébellion.

C'eſt ſans doute par le même principe de politique, qu'il a été défendu aux Turcs, par leur faux prophete Mahomet, qui leur a fait
accroire que le vin étoit une liqueur démoniaque.

Les Manichéens diſoient, que le vin étoit une invention du mauvais principe, & l'appelloient le principe du diable.

Un Eſpagnol fouetta le poinçon qui avoit fait mourir ſon pere ;
un Anglois caſſa la bouteille qui l'avoit envvré. Mais toutes ces qua-
lifications injurieuſes & ces vengeances puériles ſont d'autant plus
pitoyables, que tous les maux qui ſe font par l'excès du vin, doivent
être rapportés à celui qui en boit outre meſure, ſans en blâmer cette
innocente liqueur. Ainſi ſans s'arrêter à de pareilles réveries, le vin
qui n'eſt ni trop nouveau ni trop vieux, & qui eſt d'ailleurs paſſable-
ment bon & naturel ; c'eſt-à-dire qui n'eſt ni drogué, ni ſouphré, ni
pouſſé, ni gras, ni aigre, ni au bas, &c. eſt très-ſain à quelque âge
ou tempérament que ce ſoit, & ſon uſage modéré fait beaucoup de bien
à l'homme. Car il ouvre, réveille & entretient l'appétit : il déſal-

tere: il facilite le paſſage, la digeſtion & la diſtribution des alimens: il dé-
tache les phlegmes & les fait cracher; & par ce moyen rend la voix
claire, nette & ſonore: fait bonne haleine, bonne bouche, & bonne
couleur: leve les obſtructions des vaiſſeaux, cuit les crudités, & dé-
bouche les conduits, en ſubtiliſant le ſang & les humeurs, nettoyant
le foie, la rate, les poumons, & aidant la nature à ſe décharger de
ſes excrémens & autres ſuperfluités, par les ſelles, par les urines, par
les ſueurs, ou par l'inſenſible tranſpiration.

Mais pour qu'il ſoit utile tant pour la voix que pour la ſanté, il
faut que l'on n'en boive qu'avec modération, ſageſſe, & diſcrétion.
Lorſque l'on en uſe par excès, il produit des effets tout oppoſés, &
une infinité de maux: car non-ſeulement il rend hébêté, enragé, ou
furieux, comme on le voit par pluſieurs exemples, entr'autres par
celui d'Alexandre, qui dans ſon yvreſſe tua Clytus ſon meilleur &
plus fidele ami; mais il enflamme & brûle par ſa chaleur le foie qui
eſt le laboratoire du ſang, qui étant brûlé, & venant enſuite à porter
par la voie de la circulation, cette mauvaiſe qualité dans toute l'habitude du corps, le conſume, & par ce moyen échauffe & deſſeche avec le
tems l'humide radical, & détruit la chaleur naturelle; de façon que
les alimens au lieu de ſe convertir en ſang, ne tournent qu'en eau &
en ſéroſité, d'où naiſſent les hydropiſies, la jauniſſe, le maraſme ou
amaigriſſement & dépériſſement entier des forces & du corps, &c.

Il affoiblit les nerfs, & cauſe aux buveurs un tremblement de la
tête, des mains, ou de tout le corps, ſouvent la paraliſie & la goute.
Ses vapeurs trop abondantes troublent & ébranlent le cerveau, &
en dérangent toute la bonne œconomie & les fonctions, & condui-
ſent inſenſiblement les buveurs ou à des maladies chaudes, telles que
la phréneſie, la rage, la folie, &c. ou à des maladies froides, telles
que l'épilepſie, la létargie, l'apopléxie, & à une infinité d'autres
maux qui ne viennent dans la plûpart que de cette ſource.

Nous diſons que l'excès du vin cauſe l'apopléxie, parce qu'il rem-
plit les ventricules du cerveau d'une humeur pituiteuſe, épaiſſe, viſ-
queuſe & froide, qui occaſionne cet accident.

Enfin il cauſe ſouvent une mort ſubite, parce que venant à rem-
plir les organes de la reſpiration d'humeurs & de vapeurs, les eſprits
animaux ſe trouvent arrêtés & étouffés.

Si, comme nous l'avons déja dit, c'eſt un beau don qu'une belle
voix, il faut avouer auſſi qu'il eſt bien fragile; puiſque tout excès, &
particulierement celui dont nous venons de parler ſi au long, l'altere
& la détruit en peu de tems. Ainſi ceux qui déſireront conſerver
long-tems cette faveur de la nature dans toute ſa force & ſa beauté,

ne

ne doivent jamais oublier que tout ce qui nuit au corps , & notamment l'excès du vin, nuit à la voix , en affoibliffant & indifpofant fes organes : mais outre la fageffe & la fobriété , pour bien former & conferver la voix , neuf chofes font abfolument néceffaires.

La premiere , eft de ne point forcer la voix pour la faire monter plus haut, ni pour la faire defcendre plus bas , que fa difpofition naturelle ne le permet.

La feconde , de ne point violenter fa voix pour la rendre plus forte & plus groffe , ou pour fe donner la puérile fatisfaction de fe faire entendre plus que les autres.

La troifiéme , de chanter toujours à voix pleine, fans jamais paffer de la voix naturelle au foffet ou voix de tête , fans néceffité abfolue.

La quatriéme, de ne point chanter proche ou vis-à-vis d'une porte ou d'une fenêtre entre-ouverte.

La cinquiéme, de chanter le moins qu'il fera poffible , pendant ou immédiatement après le repas.

La fixiéme , d'exercer la voix le matin à jeun.

La feptiéme, de ne pas fatiguer la voix en chantant trop long-tems de fuite, fur-tout pour le peu que l'on foit enroué ou enrhumé.

La huitiéme , de ne point chanter devant un grand feu , fans mettre quelque chofe devant fa bouche.

La neuviéme , de ne jamais chanter le foir au ferain : ce dernier avis eft de la derniere importance , puifque plufieurs en ont perdu la voix fans retour.

Ceux qui voudront encore étendre plus loin les foins que demande la voix pour fe conferver long-tems , pour être toujours en bon état, & fur-tout pour éviter l'enrouement , lorfqu'on y eft fujet ou qu'on le craint , font avertis :

1°. De ne fe laiffer jamais faifir de froid par les pieds , & encore moins par la tête, qu'il faut avoir grand foin de tenir couverte pendant la nuit.

2°. Eviter tant que faire fe peut les intempéries de l'air, fur-tout le trop grand chaud ou le trop grand froid ; les rayons du Soleil & de la Lune ; la neige , les vents , les brouillards , & le ferain tant du foir que du matin , ne s'y promenant jamais ; & généralement tout ce qui peut infecter l'air.

3°. Prendre garde de ne pas trop crier , ni parler long-tems & avec ardeur.

4°. N'ufer que le moins que l'on pourra des chofes froides & aigres, comme raves, falades, verjus, vinaigre, oranges, citrons, pommes, &c. & en général de toutes fortes de fruits , ou légumes cruds.

D

5°. Ne fe point laver la bouche d'eau par trop froide ni n'en boire,. fe gardant pareillement de manger de la glace ou de la neige.

6°. S'abftenir tant que l'on peut de manger de l'huile , ou du moins. chofes où il en entre beaucoup , ou d'en avaler fans néceffité,

7°. S'abftenir de manger des noix & d'ufer de leur huile , ainfi que de celle qui eft faite d'olives avant leur maturité.

8°. Ne pas manger d'anguille ; parce qu'étant huileufe, gluante & pituiteufe , elle engendre des obftructions & charge l'eftomac.

9°. S'abftenir de la trop grande boiffon , parce que la perfection de la voix confifte dans une féchereffe médiocre de fes inftrumens : le gofier qui en eft un , eft pour cette raifon compofé d'une fubftance dure & cartilagineufe, afin d'aider l'air pouffé par les poumons, à rendre la voix plus claire , plus éclatante, & plus fonore.

10°. Prendre garde qu'en bûvant ou mangeant , il n'en tombe quelque chofe dans la trachée-artere ; parce que cela excite d'ordinaire une toux violente par l'effort que fait le poumon pour chaffer les matieres dévoyées, ce qui nuit extrêmement à la voix & caufe l'enrouement. On a auffi l'expérience que rien n'eft plus propre à enrouer , que d'éternuer beaucoup & avec violence ; ainfi il ne faut jamais s'y exciter fans néceffité ou raifon particuliere , fur-tout lorfque l'on aura à chanter ou à parler publiquement ; car le dérangement que cela occafionne dans la voix , dure fouvent depuis le matin jufques au foir. En attendant que je m'explique là-deffus plus au long ci-après , je me contente de dire que toutes ces chofes,ainfi qu'une infinité d'autres qu'un chacun peut fçavoir par oui-dire , ou découvrir par fa propre expérience , offenfent la voix & lui font contraires.

Au refte je conviens volontiers que la voix dégénere naturellement avec l'âge, & à mefure que fes organes fe ramoliffent & fe relâchent ; c'eft ce qui fait que les vieillards ont la voix plus baffe & moins fonore ou éclatante que les jeunes gens.

CHAPITRE III.

De l'enrouement & extinction de la voix , & de leurs remedes.

L'Enrouement eft une extinction ou dérangement de la voix, caufé par un r'hume ou fluxion qui tombe du cerveau fur la trachée-artere , qui eft le conduit & principal organe de la voix : l'enrouement vient auffi quelquefois fans rhume , c'eft-à-dire par le defféche-

ment du goſier & de la trachée-artere , & chaleur exceſſive du poumon, par le mélange des vapeurs fuligineuſes avec l'air ; ce qui ôte
l'uſage libre de la reſpiration, ſans lequel la voix ne peut être dûment
organiſée , ſa perfection conſiſtant dans un tempérament médiocre
de ſes inſtrumens ou organes, en leur ouverture, & dans le libre paſſage
de l'air. Entre une infinité de cauſes de cet enrouement, outre celles
que nous avons décrites , les principales & les plus ordinaires ſont
d'avoir parlé , crié , chanté avec ardeur , & avoir été enſuite ſurpris
d'un air trop froid , ou bien pour avoir bû trop froid ayant chaud , ou
mangé de la glace ou de la neige , ou bien de la chaleur & ſéchereſſe
de l'air , ſur-tout lorſqu'on y parle , crie, ou travaille long-tems ſans
boire, ou bien pour avoir dormi couché ſur le dos la bouche ouverte;
ou enfin pour ne s'être pas conformé aux avis du chapitre précé-
dent , principalement à l'égard du froid de la tête & des pieds , des
fruits cruds , de l'huile en général , des noix & de leur huile en particulier, de l'anguille, & de la boiſſon : car

1°. Le froid de la tête cauſe l'enrouement; parce que comprimant
le cerveau, il exprime la pituite la plus coulante & la plus déliée ſur la
poitrine, d'où naiſſent les rhumes qui humectent les parties deſtinées
à la reſpiration, d'où dépend la voix : j'ajoute dès pieds, à cauſe de l'in-
time communication qu'ils ont ſans doute avec la tête, où réſide le principe des nerfs, & dont la bonne ou mauvaiſe température n'eſt pas indif-
férente pour la voix; car on a remarqué depuis long-tems, que le froid
ou l'humidité des pieds, ou l'un & l'autre tout enſemble, indiſpoſent tellement les organes de la voix, que ſans enrouement ni rhume ſenſibles,
certaines perſonnes ne peuvent chanter ſans auparavant ſe chauffer fortement & à pluſieurs repriſes les pieds ; d'où elles ont appris avec le
tems , que cet innocent remede faiſoit moitié de la guériſon des rhumes & de l'enrouement , lorſqu'ils viennent de cauſe froide & humide.

Ce qui prouve encore la communication particuliere que les pieds
ont avec la tête, c'eſt qu'il eſt moralement ſûr que de toutes les perſonnes qui meurent d'apopléxie, il y en a un grand nombre dont l'at-
taque ne s'eſt déclarée & n'eſt venue que par le froid des pieds , dans
des ſujets d'ailleurs diſpoſés par le tempérament, & par la plénitude, ou
les mauvaiſes humeurs.

2°. Les fruits & légumes cruds & mangés frais cueillis, cauſent
l'enrouement ; parce qu'ils refroidiſſent l'eſtomac , dérangent la coc-
tion, & augmentent par-tout la pituite; ou parce qu'étant âpres & auſte-
res , ils reſſerrent & compriment par leur aſtriction l'organe de la
voix ; ou enfin parce qu'étant cruds , ils engendrent beaucoup de
phlegmes qui humectent les cannes du poumon & la trachée-artere.

3°. L'huile en général caufe l'enrouement, tant parce qu'elle hu-mecte beaucoup les organes de la voix, qu'à raifon de ce que venant à y couler inégalement, & faifant quelque réfiftance à la rencontre de l'efprit organifant, elle entre-coupe le fon; ou parce qu'elle échauffe les poumons, & les deffeche par accident.

4°. Les noix, fur-tout lorfqu'elles font vieilles & rances, caufent l'enrouement; parce qu'étant trop defficatives, ou bien leur huile trop chaude, âcre & mordicante, elles peuvent, de même que l'huile tirée des olives avant leur maturité, enflammer le poumon, & par conféquent pervertir la voix, les unes & les autres étant chaudes au troifiéme dégré, & féches au fecond quant à leur effet.

5°. L'anguille eft contraire à la voix & caufe l'enrouement : 1°. parce que généralement parlant, elle eft de très-mauvaife & dangereufe nourriture, par fon gros phlegme, fa vifcofité, & fa graiffe qui relâche les fibres de l'eftomac, empêche fa contraction, & caufe des naufées & des obftructions d'autant plus confidérables, que beaucoup de perfonnes l'aiment paffionnément à caufe de fa douceur, quoique fa chair foit plus fade que douce : 2°. parce que cette graiffe huileufe dont elle eft chargée, & qui eft fouverainement ennemie de la nature de l'homme, s'attachant fortement aux poumons, & n'en pouvant être facilement ôtée à caufe de fa vifcofité, s'échauffe par leur mouvement continuel, & y caufe une inflammation.

Ceux qui aiment l'anguille apprendront ici, que celle qui fe mange rotie eft plus faine que la bouillie; & que celle-ci eft très-dangereufe quand elle eft étouffée en cuifant.

6°. La trop grande boiffon caufe l'enrouement; non-feulement parce que le trop grand ufage du vin attire & entretient des fluxions, & abreuve le cerveau de quantité de vapeurs, fur-tout quand on ne le trempe pas d'eau; mais encore parce que la perfection de la voix confifte dans une féchereffe médiocre de fes inftrumens. Le gofier qui, comme nous l'avons dit, en eft un, eft pour cette raifon compofé d'une fubftance dure & cartilagineufe, afin d'aider l'air pouffé par les poumons à rendre la voix plus claire, plus éclatante & plus fonore : ce que je dis du vin, fe doit dire de toutes fortes de liqueurs fortes, & proportion gardée, de la biere, du cidre, du poiré, & de l'eau même, dont l'excès, ni un regime de vie trop humide, fur-tout quand les perfonnes font d'ailleurs phlegmatiques & fujettes aux fluxions & aux rhumes, ne conviennent point à la voix, dont l'accord & l'égalité dépendent tellement de la féchereffe de la trachée-artere, qu'indépendamment de ce que, comme nous l'avons vû, fi fes conduits font étroits, ils rendent la voix claire & déliée; & s'ils font larges & am-

ples , ils la rendent groffe & grave : fi ces mêmes conduits font inégalement humectés , la voix eft inégale , forte, baffe, haute, rauque,
& entre-coupée : s'ils font également arrofés , elle eft fort baffe &
foible , comme nous voyons en ceux dont le cerveau diftille perpétuellement de la pituite fur le poumon : fi enfin ils font également
deffechés , la voix eft forte & haute.

Quoiqu'il en foit , & de quelque part que puiffe venir l'enrouement , comme cette indifpofition eft fort defagréable & incommode à
tout le monde , particulierement à ceux qui par leur état fe trouvent
avoir indifpenfablement befoin de leur voix dans quelque occafion brillante ou cérémonie importante , pour chanter , prêcher , haranguer ,
plaider, ou enfeigner , ont le malheur d'en être furpris & attaqués fubitement & à l'imprévû; & dont les uns ne font ni à portée de prendre
l'avis du Médecin , ne voyant d'ailleurs en eux-mêmes ou dans leurs
voifins aucune reffource de prudence ou d'expérience pour y fup-
pléer ; les autres trop pauvres pour exécuter de difpendieufes ordonnances : on ne fera peut-être pas fâché de trouver ici un recueil de
recettes ou médicamens fimples & compofés , pour s'accommoder
au goût, au pouvoir, & aux maladies plus ou moins confidérables dans
les uns que dans les autres.

On obfervera toutefois que l'enroucment qui vient de la premiere
conformation, c'eft-à-dire de naiffance ou de vieilleffe, ou d'avoir été
bleffé à la trachée-artere, ou à certains mufcles voifins, eft incurable ;
& que par conféquent tout ce que nous allons dire de l'enroucment,
ne doit s'entendre que de celui qui eft paffager & accidentel, & auquel
on peut aifément remédier.

On a vû autrefois certains Prédicateurs & Avocats , qui étant de-
venus fubitement enroués , & ayant befoin de leur voix , mettoient
autour de leur col, le foir en s'allant coucher, un gros écheveau de fil
blanc crud , trempé en eau fraîche , & puis bien preffé & exprimé.
Le lendemain ils avoient la voix claire & belle ; mais comme cela ne
paroît pouvoir arriver que par la répercuffion de l'humeur qui cau-
foit l'incommodité , & que toute répercuffion eft dangereufe , je ne
confeille ce remede à perfonne, mais plûtôt quelques-uns des fuivans.

✱ REMEDES POUR L'ENROUEMENT.

Si l'enroucment vient du froid , comme pour avoir été au ferain ,
ou avoir humé l'air de la nuit , il faut fe tenir bien chaudement , mettre des linges chauds autour du col , & tenir en même-tems en fa
bouche un morceau de fucre-candi , & un morceau de bonne régliffe
bien ratiffée & écorcée.

Si au contraire l'enrouement vient de chaleur, comme il arrive à ceux qui ont parlé ou crié long-tems & avec ardeur en air & par un tems chauds, il faut ufer de chofes humectantes, comme de tablettes diatragacant froid, ou de fucre-rofat récent, fe gargarifer la bouche d'eau & de vin, & fe baigner les jambes en eau tiéde. On prétend même que fans beaucoup de façon, rien n'eft meilleur en général pour défenrouer, que les tablettes diaireos, ou la régliffe, ou le fucre-rofat, ou le fucre-candi, ou le fucre-d'orge, tenus ordinairement dans la bouche, & à leur défaut de bon fucre ordinaire, qui comme tout le monde fçait, a en fanté comme en maladie, la propriété de rendre la voix claire & fonore, en nettoyant le gofier, détachant & faifant cracher les phlegmes dont il peut être tapiffé. On peut à même intention tant en fanté qu'en maladie, en compofer une eau ou tifanne, en en mettant une once dans une pinte d'eau de fontaine, que l'on fera bouillir & réduire jufques au tiers ; ou fi on la veut encore meilleure & plus efficace, on y ajoutera deux dragmes ou gros de bonne regliffe bien ratiffée & coupée menu, & une demi-once de raifins de carême, dont on ôtera les pepins : on fera bouillir tout cela, puis l'ayant paffé, on en boira chaudement à fon befoin & à difcrétion. La même compofition eft excellente pour la toux, tant des petits enfans, que des grandes perfonnes.

Une fimple eau ou tifanne de réglisse, pourra fuffire à ceux qui n'auront ni fucre ni raifins.

On vante auffi comme remede de l'enrouement, & comme un moyen de rendre la voix claire, le beure frais tenu au gofier pour l'y laiffer fondre doucement, ou l'huile d'amandes douces mêlée avec du fucre d'orge & avalée doucement, ou le jaune d'un œuf crud, le plus frais pondu qu'il fe pourra, pris à jeun.

Autre remede pour l'Enrouement.

Les Livres de Médecine, tant anciens que modernes, s'accordent à dire, que le blanc de baleine pris depuis un fcrupule jufqu'à une demi-dragme ou gros, qui eft le même poids, eft un remede expérimenté pour l'enrouement.

Cette drogue que l'on appelle encore aujourd'hui, comme autrefois, très-mal-à-propos *fperma ceti*, fperme de baleine ou nature de baleine ; ce qui caufe d'abord de la répugnance & du dégoût aux fimples pour en ufer, eft fuivant M. Pomet dans fon hiftoire des Drogues, la cervelle d'une efpéce de baleine, que les Bafques appellent *byaris*, & ceux de S. Jean-du-Luz, *cachalot*. Cet animal, qui fuivant quelques uns, eft appellé baleine mâle, & des Latins *orca*, a environ cinq pieds

de long & douze de haut ; & chacune de ſes dents qui ſont très-pro-
pres à faire divers ouvrages, peze une livre. On ſera donc déſabuſé
que le *ſperma ceti*, ou blanc de baleine, ſoit autre choſe que la cervelle des cachalots, qui ſe prépare ordinairement à Bayonne & à Saint-
Jean-du-Luz. Comme cette marchandiſe eſt aſſez de conſéquence à
cauſe de ſon prix, on doit la choiſir en belles écailles blanches, claires
& tranſparentes, d'une odeur ſauvagine, & prendre garde qu'elle ne
ſoit augmentée avec de la cire blanche, comme il n'arrive que trop
ſouvent ; ce qui ſera facile à connoître, tant par ſon odeur de cire,
que parce quelle eſt extrêmement menue & d'un blanc matte. On
prendra garde auſſi que ce ſoit de celle qui a été faite de la cervelle
de l'animal, en ce que celle qui eſt faite de graiſſe eſt facile à ſe
jaunir, ce qui fait qu'il y a des blancs de baleine qui jauniſſent auſſi-
tôt qu'ils ſont expoſés à l'air ; parce qu'en général il n'y a point de
drogue qui appréhende plus l'air que le blanc de baleine : pourquoi
M. Pomet recommande aux marchands, de le conſerver dans des
vaiſſeaux de verre, ou dans les barils dans leſquels il vient, les tenans bien bouchés, de peur que l'air n'y entre, & que cette drogue
ne jauniſſe.

Autre remede pour l'Enrouement.

Prenez des feuilles de mauves, faites les bouillir avec de l'eau,
& enſuite mangez-les ainſi, ou accommodées en maniere d'épinards.

Autre remede pour déſenrouer.

Faites cuire des oignons ſous la cendre chaude, & les mangez
avec de l'huile ou du beurre. Cette ſalade eſt très-ſaine à manger en
tout tems pour humeéter & fortifier la poitrine, & pour rendre la
voix bonne & ſonore ; on peut même y ajouter du ſucre, auquel
cas elle appaiſe la toux, & ſoulage les aſtmatiques.

Autre remede pour déſenrouer.

Appliquez, ſi vous voulez, les oignons cuits comme nous venons
de dire, ſous la plante des pieds, avec un linge gras en vous cou-
chant, & avalant en même tems un bouillon de lait non écrêmé &
bien ſucré.

Autre remede pour l'Enrouement.

Broyez de l'ail avec du miel, & en mangez ; ou bien mangez des
aulx cruds ou cuits ſous la cendre chaude ou au moins dans l'eau : une
ſalade de l'un ou l'autre de ces derniers ſeroit pareillement la choſe

du monde la plus excellente dont on pût ufer pour rechauffer l'eſtomac, reveiller l'appétit perdu, &c. mais ſur-tout pour fortifier la
voix, & la rendre belle & ſonore.

Il y a des perſonnes qui dans l'enrouement ſe ſont bien trouvées
d'un liniment fait ſous la plante des pieds avec l'ail & le ſain-doux,
pilés enſemble dans un mortier de fonte chaud, après s'être bien chauffé
les pieds & frotté avec un linge chaud avant de faire l'onction, en ſe
mettant au lit, & envelopant enſuite les pieds avec des linges pendant
la nuit.

Autre remede pour l'Enrouement.

Mangez un poireau crud le matin ſans pain de deux jours l'un,
juſqu'à ce que vous ſoyez guéri, qui ſera dans peu.

Autre remede pour l'Enrouement, âpretez du goſier, toux ſeche,
& lorſqu'il y a de la chaleur.

Prenez une poignée ou feuilles de ſureau fraîches ou ſéchées à l'om-
bre dans la ſaiſon, faites la bouillir dans une pinte d'eau de fontaine
juſqu'à la diminution du tiers, mettez-y du ſucre ou bien du miel pu-
rifié, puis buvez-en matin & ſoir un bon verre chaud.

Autre remede pour l'Enrouement.

Mettez ſous la langue de la myrhe, & l'y laiſſez entierement fondre;
ou bien jettez de l'encens, ou du benjoin, ou du ſon, ou des feuilles
ſeches de l'herbe appellée *pas-d'âne*, ſur de la braiſe dans un réchaut;
mettez un entonnoir par deſſus, afin de recevoir de cette fumée dans
la bouche, & vous ſerez tôt guéri.

Autre remede pour l'Enrouement & la Toux.

Prenez une rave bouillie en eau, preſſez-la, & mêlez dans ce qui
en aura coulé un peu de ſucre, & le buvez chaud en allant coucher.

On entend ici par rave une eſpece de gros navet rond, large &
plat, qui fournit un aliment auſſi utile & agréable, & même plus
doux que le navet, dont cette rave a la vertu étant cuite. Les payſans
d'Auvergne & du Limouſin mangent cette rave cuite ſous la cendre; on la met auſſi dans la ſoupe, à qui elle communique un goût
merveilleux.

Autre remede pour l'Enrouement & la Toux.

Prenez neuf figues, demi-once de raiſins ſecs, demi-poignée d'hyſſo-
pe, & une once de ſucre-candi, & faites bouillir le tout dans quatre
pintes

pintes d'eau , jufqu'à diminution du tiers ; paſſez-le, & y ajoutez du ſucre ordinaire ce qu'il vous plaira , & en buvez.

Autre remede pour l'Enrouement & pour la toux , & difficulté de cracher lorſque l'humeur eſt trop ſubtile.

Prenez régliſſe bien ratiſſée une once, ſucre demi-livre, eau commune une chopine ; faites cuire la régliſſe dans la chopine d'eau juſqu'à la diminution d'environ moitié , coulez cela par un linge , mettez-y le ſucre , & le faites cuire en conſiſtence de ſyrop, duquel vous prendrez une demi-cueillerée matin & ſoir , & de tems en tems pendant le jour.

Autre remede contre l'Enrouement, la toux ,& la difficulté de cracher lorſque l'humeur eſt trop craſſe & gluante , comme aux aſtmatiques.

Prenez eau commune une pinte , miel qui ſoit bon une cueillerée ; mettez la pinte d'eau dans un pot bien net , ajoutez-y le miel, faites-le écumer ſur le feu autant qu'il faudra , ôtant l'écume ; & quand il n'écumera plus , ôtez le pot du feu , laiſſez-le refroidir , & conſervez cette liqueur dans une bouteille de verre , pour le boire ordinaire de toute la journée.

Il eſt tems de parler de nos regles de Plein-Chant.

CHAPITRE IV.

Comment s'apprend le Plein-Chant , & par où il faut commencer à l'étudier.

LE Plein-Chant s'apprend avec le ſecours d'un Maître, qui enſeigne à ſon écolier les noms , figures , & différentes poſitions des clefs , les figures & le nom , le ſon & la valeur des notes.

Les figures, en les lui montrant avec le bout du doigt ou autrement.

Le nom, en les lui faiſant de même toutes nommer , & prononcer les unes après les autres ſans chanter.

Le ſon, en les lui faiſant en même tems nommer & chanter , d'abord par degrés conjoints, enſuite par degrés disjoints, avec toute l'attention & l'exactitude poſſible , afin de pouvoir rectifier ſcrupuleuſement & rendre juſtes les faux ſons qu'il pourroit leur donner.

On appelle notes jointes, ou à degrés conjoints , celles qui ſe ſui-

E

vent fans aucun intervalle, comme *ut*, *re*, *mi*, *fa*, *fol*, *la*, *fi*, *ut*.

On appelle notes disjointes, ou à degrés disjoints, celles qui font éloignées, c'eft-à-dire entre lefquelles il y a quelque vuide ou intervalle, comme *ut*, *mi*, *fol*, *fi*, où l'on voit que le *re*, le *fa*, & le *la* font fupprimés.

Nous avons dit qu'il falloit que le Maître apprît à fon écolier la valeur des notes, c'eft-à-dire qu'il doit lui faire diftinguer celles qui forment un ton d'avec celles qui ne forment qu'un demi-ton ; ce que l'on n'étudiera jamais avec fruit dans les commencemens, qu'en la préfence du Maître qui les faffe chanter correctement.

Enfin le Maître doit apprendre à fon écolier à chanter la lettre, c'eft-à-dire à joindre au fon des notes les paroles qu'on chante ; ce qui fe fait en fubftituant fur chacune, ou plufieurs defdites notes dont on quitte le nom, retenant feulement dans fon idée le fon, chaque fyllable des paroles que l'on chante, & qui fe trouvent écrites au-deffous de ces notes.

Toutes ces chofes doivent fe faire l'une après l'autre, pour faire quelque progrès & travailler folidement : car il eft abfolument néceffaire de fçavoir le nom des notes avant de les chanter, & de les chanter parfaitement & en connoître toute la valeur, avant d'y joindre les paroles en la maniere que nous venons de le montrer ; à moins que de vouloir perpétuellement faire un double & triple effort d'attention & d'imagination, pour trouver tout à la fois le nom, le fon & la valeur d'une note, & y faire en même tems l'application des paroles ; ce qui ne produiroit jamais qu'une routine affreufe, & une confufion pitoyable dans le chant.

Pour apprendre donc le Plein-Chant, on commence par la gamme. Ce mot, fuivant les apparences, vient de ce que anciennement & avant l'invention des fept fyllables dont nous nous fervons aujourd'hui pour exprimer les fept notes ou fons confécutifs du Plein-Chant, après les avoir indiquées par les fept premieres lettres de l'alphabet, *a*, *b*, *c*, *d*, *e*, *f*, *g*, en montant, lorfqu'on les redoubloit en defcendant, on les figuroit en caracteres grecs ; ce qui faifoit que le γ gamma ou g grec fe trouvoit tout au haut de la feuille, & par ce moyen la gamme donna le nom à tout ce qui étoit au-deffous.

Quoiqu'il en foit, la gamme eft comme une échelle où fe pofent toutes les notes, tant fur les quatre lignes que dans les efpaces. Nous difons quatre lignes, parce que l'on n'en employe pas d'avantage dans le Plein-Chant ; à la différence de la Mufique où il y en a cinq. La raifon eft que dans la Mufique, les voix montent plus haut & defcendent plus bas ; & qu'au Plein-Chant les voix n'excedent prefque point l'octave, encore eſt-il très-rare que le Chant ait cette étendue.

Au reſte, quand il arrive par hazard que quelque note monte plus haut, ou deſcend plus bas que l'étendue ordinaire de ces quatre lignes, on y ajoute un reglet par tout où il en eſt beſoin, tant en haut qu'en bas. Voyez les exemples ci-deſſous.

Echelle ordinaire de la Gamme du Plein-Chant. | *Echelle de la Gamme, avec un réglet en haut & en bas.*

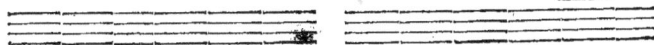

CHAPITRE V.

Du Nombre, des Figures, Noms, & différentes poſitions des Clefs du Plein-Chant.

IL y a deux Clefs au Plein-Chant, ſçavoir la Clef d'*ut* & la Clef de *fa*, leſquelles ſe mettent toujours au commencement de l'échelle, ſur l'une des quatre lignes ou regles, & jamais dans les eſpaces.

La clef de fa ne ſe poſe pour l'ordinaire que ſur la ſeconde ligne d'en haut, très-rarement ſur la premiere.

Figure de la Clef de Fa, & ſa poſition ordinaire.

La clef d'ut eſt poſée tantôt ſur la premiere ligne d'en haut, tantôt ſur la ſeconde, tantôt ſur la troiſiéme, ſuivant que le Chant a plus ou moins d'étendue en haut ou en bas.

Figure & poſition de la Clef d'Ut ſur la premiere, ſur la ſeconde, & ſur la troiſiéme ligne.

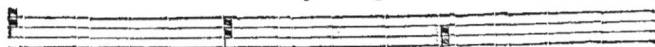

Ainſi quand une piece a de l'étendue en haut au-deſſus de la clef, on poſe la clef plus bas : quand au contraire la piece s'étend plus bas

E ij

au-deffous de la clef, on pofe la clef plus haut : à quoi un chacun
doit faire grande attention pour ne fe pas crever & excéder en entonnant quelque piéce de chant plus haut ou plus bas que la portée de
fa voix naturelle, qu'il fe faut bien garder de forcer en voulant la
rendre plus groffe ou plus claire; car pour chanter non-feulement avec
juftefse & avec mefure , mais encore avec quelque forte d'agrément,
il faut éviter toute forte d'affeĉtation & de contrainte , principalement cette torture choquante & rifible que femblent donner à leurs
corps , ceux qui marquent chaque note d'un coup de tête en la le-
vant ou baiffant , fuivant que les notes hauffent ou baiffent ; qui font
des contorfions & des mouvemens extraordinaires des levres , de la
langue , & du gofier , étant difficile de quitter ces mauvaifes habitu-
des lorfqu'on les a contraĉtées. On doit auffi prendre garde à ne fe
point piquer de fe faire entendre plus que les autres, à ne point pouffer
fa voix en des endroits plus qu'en d'autres , à ne la point précipiter ,
à ne la point étouffer faute d'ouvrir affez la bouche , & à éviter tout
ce qui peut nuire à la bonne prononciation , comme font les coups
de gofier & les afpirations.

CHAPITRE VI.

Du Nombre & des différentes Figures & efpeces des Notes.

IL a dans le Plein-Chant, comme dans la Mufique, fept notes ou
fons différens & principaux , dont tous les autres plus hauts ou
plus bas ne font que les répliques. Voyez-en les noms & l'ordre
ci-deffous.

Noms & ordre des fept fyllabes ou Notes de la Gamme du Plein-Chant, tant en montant qu'en defcendant.	*Les fept fyllabes ou noms des fept Notes de la Gamme, avec l'Ut doublé tant en montant qu'en defcendant.*

En montant.	fi la fol fa mi re ut	En defcendant.		En montant.	ut fi la fol fa mi re ut	En defcendant.

Ces sept notes se posent sur & entre les quatre lignes de l'échelle de la Gamme , & se recommencent & répètent toujours à l'infini , tant en montant qu'en descendant.

Entre ces notes , les unes forment des secondes majeures, ou pour parler plus clairement, des tons pleins, au nombre de cinq ; & les autres ne font que des secondes mineures , ou demi-tons, au nombre de deux ; ce qui fait en tout sept tons.

Les notes qui forment les tons pleins, sont *ut* , *re* , *fa* , *sol* , *la*.

Les notes qui forment les demi-tons , sont le *mi* & le *si* , qui doivent toujours se chanter avec un petit tremblement ou cadence.

Les sept syllables ou noms des sept Notes de la Gamme , posées perpendiculairement sur & entre les quatre Lignes de l'Echelle, avec l'ut doublé tant en montant qu'en descendant.	*Position ordinaire des sept syllables ou noms des Notes de la Gamme, sur & entre les quatre Lignes de l'Echelle, avec l'ut doublé tant en montant qu'en descendant.*

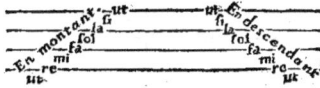

Il n'y a dans tout le Plein-Chant , du moins dans les Livres nouveaux , que deux sortes de Notes , sçavoir les longues & les breves.

Les Notes longues sont faites en quarré.

Les Notes breves sont faites en losanges : ces notes breves ne doivent se trouver que sur les syllables absolument breves de prononciation , & n'ont que la moitié de la valeur des longues ; ensorte qu'il faut couler promptement sur les breves, & n'appuyer que sur les longues.

Figure des Notes quarrées appellées longues.	*Figures des Notes en losanges , appellées* breves.

Les sept Notes posées perpendiculairement sur & entre les Lignes de l'Echelle, tant en montant qu'en descendant, accompagnées de leurs syllabes ou noms, en faveur des commençans, avec l'Ut doublé en haut & en bas.

Position ordinaire des sept Notes sur & entre les quatre Lignes de l'Echelle de la Gamme du Plein-Chant, avec l'Ut doublé tant en montant qu'en descendant, & les syllabes ou noms de chaque Note, en faveur des commençans.

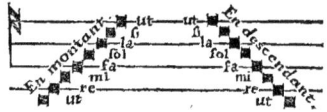

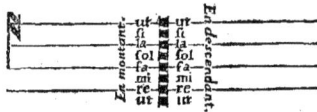

Gamme rendue aisée par une Colonne des syllabes ou noms des Notes, pour guider & remettre les commençans, tant en montant qu'en descendant.

Exemple de la même Gamme par la Clef de Fa, où l'on trouvera deux reglets en bas; parce qu'il se trouve trois Notes à placer au-delà des quatre lignes de l'échelle.

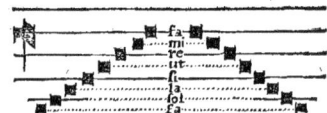

Après s'etre suffisamment appliqué à connoître le nombre, les figures, les noms, & les positions des clefs & des notes dans les différens exemples simples & intelligibles que je viens d'en donner, on pourra passer aux gammes suivantes & ordinaires, qui ne sont différentes des précédentes, que parce les notes ne sont point accompagnées de leurs syllabes ou noms, dont il faut commencer à sçavoir se passer, à l'exemple des petits enfans que l'on sevre.

Gamme ordinaire par la Clef d'Ut.

Gamme ordinaire par la Clef de Fa.

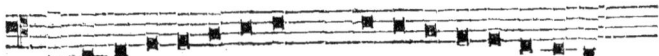

Il seroit honteux pour des Clercs & des Novices des Ordres Religieux, de ne pas chanter seuls & parfaitement, tant en montant qu'en defcendant, cette gamme dès le même jour, pendant que l'on remarque fréquemment que les jeunes enfans des petites écoles non-feulement n'y manquent point, pour peu qu'ils ayent de difpofition, mais même ne font pas long-tems à comprendre ce que c'eft que ton, demi-ton, tierce majeure & tierce mineure, quarte, quinte, &c. & à en donner des exemples au-delà de l'attente de leurs Maîtres ; ce qui prouve combien eft fondée l'idée qu'il paroît que l'on a toujours eue de l'aptitude & de la facilité de ces petites créatures pour cette fcience, par préférence aux perfonnes âgées. Car quoique le jugement foit plus formé dans celles-ci pour comprendre les mêmes chofes, l'expérience nous apprend que les organes font plus fléxibles dans ceux-là ; auffi avons-nous vû plus haut, qu'auffi-tôt que les enfans pouvoient parler, S. Nifier Prêtre, depuis Archevêque de Lyon, les mettoit à la lecture & au chant de la Pfalmodie ; & que S. Quintien, Evêque de Clermont, fit tant d'eftime de la belle voix du jeune enfant Gal, que l'ayant entendu dans un Monaftere, il le tira de ce lieu & l'amena en fa Ville Epifcopale, pour y être l'ornement du Chant eccléfiaftique. C'eft fans doute par la même raifon que les Hiftoires des Cathédrales & des Abbayes font pleines de monumens qui indiquent la part que les enfans ont toujours eue dans l'exécution du Chant eccléfiaftique, & même qu'ils y écrivoient des Livres de Chant. Ceux de l'Abbaye de S. Tron aux Pays-Bas, écrivirent & noterent des pieces de Chant mieux que leur Maître.

On a remarqué depuis long-tems, que quoique les enfans aiment affez naturellement à fréquenter les Eglifes, ils ceffent d'avoir cette inclination lorfqu'ils avancent en âge, à moins qu'ils n'ayent appris à chanter : il feroit donc à fouhaiter que la connoiffance du Plein-Chant fût plus commune qu'elle n'eft parmi les enfans ; car elle les rendroit de bons paroiffiens qui affifteroient à l'Office divin, & qui contribueroient à le faire célébrer avec décence : outre cela, cette connoiffance les mettroit en état de s'exercer chez eux, & par conféquent de s'entretenir de chofe utiles, & s'abftenir de chanfons prophanes qui portent la corruption dans le cœur. Les chants du Paganifme, qui étoient fur des paroles dangereufes, ont été placés il y a peut-être plus de mille ans, fur des paroles de nos Poëtes facrés, furtout les trois derniers jours de la Semaine-fainte, afin de faire oublier les reftes du Paganifme de ce tems-là ; & l'on s'eft fervi, comme on s'en fert encore, de la voix des enfans, pour toucher les cœurs des fidelles par ces chants amoureux & tendres.

CHAPITRE VII.

Des Ligatures ou Liaisons, des Demi-notes breves, du Bémol,
du Bécarre; & autres Figures ou Caractères qui se
rencontrent dans le Plein-Chant.

IL est bon d'avertir ici la jeunesse peu instruite de la connoissance & de l'usage des différentes figures ou caractères qui se rencontrent dans les Livres de Chant, qu'il y a quelques pieces, principalement quelques Hymnes, telles que celle de S. Jean-Baptiste, *Ut queant laxis resonare fibris*, celle des Confesseurs, *Iste Confessor Domini sacratus*, & autres, où l'on trouve des Ligatures ou Liaisons, & des Demi-notes breves; d'autres comme les Lamentations de Jérémie, qui se chantent la Semaine-sainte à l'Office de Ténebres, où il y a très-fréquemment, outre ce que nous venons de dire, un *t* marqué sur certaines notes; d'autres ou au lieu de ce *t*, il se trouve une petite étoile, ou une petite croix, sur-tout dans les Livres de Chant à l'usage des Religieuses; sur quoi il faut observer, que quant à la ligature ou liaison, elle est destinée à joindre deux notes ou même d'avantage sur une seule & même syllabe.

Quant aux demi-notes breves, elles n'ont que la moitié de la valeur des grandes notes breves; d'où il s'ensuit qu'il faut couler avec une extrême vitesse sur ces sortes de demi-notes; & se souvenir que des deux notes entre lesquelles ces demi-notes se trouvent placées, la premiere augmente en valeur, & la derniere diminue; c'est-à-dire qu'il faut beaucoup plus appuyer sur la note qui est avant la demi-note breve, que sur celle qui la suit. Pour ce qui est du *t* ou de la petite étoile ou croix, quand on les rencontre l'une ou l'autre placées sur quelques notes, cela avertit de faire sur toutes ces notes un tremblement ou cadence, avec cette distinction qu'elle doit être plus longue & plus brillante sur l'étoile que sur le *t* ou la +.

Figure des Ligatures ou Liaisons. | *Figure des demi-Notes breves parmi les grandes Notes breves.*

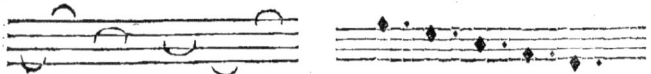

Signes

Signes ou avertiſſemens des Trem-blemens ou Cadences qu'il faut faire ſur certaines Notes.	*Autres ſignes ou Avertiſſemens des Tremblemens ou Cadences qu'il faut faire.*
t t t t	* * * * ♪ ♪ ♪ ♪

On remarquera auſſi en paſſant, qu'il y a des Chants ſimples que l'on appelle ſyllabiques, parce qu'ils n'ont qu'une note ſur chaque ſyllabe ; telles ſont pluſieurs Antiennes de Féries & de Matines des Fêtes & des Communs : & d'autres plus figurés, particulierement des Répons, leſquels ont pluſieurs notes ſur chaque ſyllabe ; & cette ſyllabe, au moins la voyelle, ſe prononce en commençant la premiere note, & ſe tire en chantant les autres notes approchées, que l'on appelle liées ſur une même ſyllabe ; ce qui ſe comprendra facilement dans la ſuite par l'exercice.

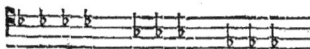

Figure du Bémol.	*Figure des deux Lignes ou Barres perpendiculaires dont eſt parlé ci-deſſous.*

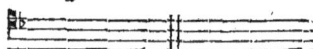

Quand il arrive que l'on rencontre ſur le degré du *ſi* un *Bémol*, cela avertit que le premier *ſi* ſuivant eſt changé en *fa*, lequel eſt appellé *fa feint* ; parce qu'en feignant un peu, on l'abaiſſe d'un demi-ton, ſoit en montant, ſoit en deſcendant ; enſorte qu'au lieu de dire *la ſi*, il faut dire *la fa*, ou ſuivant l'uſage de la plûpart, *la ʒa* ſur ce degré, & ne monter qu'un demi-ton, comme de *mi* à *fa* & de *ſi* à *ut*, ſans rien changer pour cela des notes ſuivantes, tant en montant qu'en deſcendant.

Il y a deux ſortes de *Bémol*, l'un naturel, l'autre accidentel.

Le *Bémol* naturel eſt celui qui ſe trouve placé au commencement de la ligne tout auprès de la clef ; ce qui avertit que toutes les notes qui ſe rencontrent vis-à-vis du Bémol, ſe changent en *fa* ou *ʒa*.

Le *Bémol* accidentel eſt celui qui eſt placé au milieu d'une ligne à l'occaſion d'une ou deux notes qui demandent d'être adoucies, en ſorte qu'il ne ſert que pour le mot ſeulement : mais ſi le Bémol ſe rencontre au milieu d'une ligne, & que les ſuivantes ſoient marquées d'un *Bémol* au commencement de la ligne, tout joignant la clef, cela avertit de chanter tout le reſte de la précédente ligne par *Bémol*.

F

Que fi au contraire, comme il fe voit dans quelques Livres ou Chants particuliers, le Bémol fe rencontre au commencement d'une ligne tout joignant la clef, & qu'au milieu de cette même ligne il fe trouve deux barres ou lignes perpendiculaires ou de travers décrites ci-deffus, & que les lignes fuivantes foient fans bémol au commencement, cela avertit de quitter le bémol à ces deux lignes perpendiculaires ou de travers.

Quand le *bémol* fe rencontre ailleurs qu'immédiatement au-deffous de la clef d'ut, alors foit qu'il foit placé dans les efpaces, foit qu'il fe trouve fur quelque ligne, cela avertit que la note fuivante ne doit fonner qu'un demi-ton.

Le *bémol* a quelque chofe de trifte ; c'eft pourquoi on le fait entrer fouvent dans les pieces lugubres.

En fuivant exactement ce que nous venons de dire touchant le *bémol*, jamais vous ne broncherez dans votre chant ; ou quand il arrivera par hazard que vous manquiez, vous vous remettrez auffi-tôt avec facilité.

L'on ne voit jamais, ou du moins très-rarement, la clef de fa par *bémol*.

Figure du Bécarre.   **Figure du Dieʒe.**

Le *Bécarre*, quand il fe rencontre, fert à rendre le chant rude & perçant, faifant fonner le *mi* & le *fi* dans toute leur force ; & pour donner fur cela une regle générale, l'on doit tenir pour conftant que toute piece de Plein-Chant où l'on n'apperçoit point de *bémol*, fe chante par bécarre ; c'eft-à-dire que pour lors toutes les notes font chantées dans leur ton naturel & ordinaire, fans qu'il foit befoin d'en être averti par aucun *bécarre*, dont la figure fe marque très-rarement, ou tout au plus au milieu, ou vers le milieu d'une ligne, pour faire changer le chant de bémol en bécarre, encore cela n'arrive-t-il jamais dans le chant bien réglé.

En quelqu'endroit donc que le *bécarre* foit placé, foit dans les efpaces, foit dans les lignes, il avertit que le *mi* & le *fi*, qui jufques-là ont été chantés en *bémol*, doivent hauffer d'un demi-ton, c'eft-à-dire reprendre leur ton plein ; & pour répéter encore une fois ce que nous venons déja de dire en termes équivalens, dans les pieces de Chant qui fe chantent entieres par *bémol*, le *bécarre* avertit d'interrompre l'ufage du *bémol*, jufqu'à ce qu'il fe rencontre un nouveau *bémol*.

J'avertis ici ceux qui étudieront le Plein-Chant, qu'ils feront bien de commencer par les pieces qui fe chantent en bécarre, comme les plus aifées, après quoi ils apprendront facilement le Chant par bémol; car il ne faut que remarquer le figne du bémol qui fe pofe toujours fur le degré du *fi* proche la clef, & dire *fa* ou *za* fur ce degré ; & de-là procéder aux autres notes à l'ordinaire, c'eft-à-dire fans rien changer pour cela des notes fuivantes, tant en montant qu'en defcendant, comme nous l'avons déja dit.

Le Dieze vient d'un mot grec qui fignifie paffer ou couler quelque chofe à l'étamine : il fe prend ici pour un grand adouciffement, & pour la plus grande délicateffe de voix qu'il foit poffible de feindre ; enforte que l'effet du dieze eft d'empêcher de chanter d'un ton plein la note qui le fuit, auffi bien que celle au-deffus ou au-deffous de laquelle il eft marqué, mais de la faire adoucir en la chantant, comme fi elle ne formoit qu'un demi-ton, parce que le dieze éleve la note d'un demi-ton ; ce qui fe pratique fort bien en defcendant, mais non pas en montant.

Les Diezes fe trouvent marqués dans quelques nouveaux Livres d'Eglife, particulierement chez les Religieufes où les Eccléfiaftiques & les Religieux trouvent occafion de chanter en faifant leurs obfeques, & toutes cérémonies qui permettent d'entrer dans l'intérieur ; ces diezes, dis-je, font marqués dans quelques nouveaux livres d'Eglife: mais quand même ils ne le feroient pas, cela ne devroit embarraffer perfonne ; car on les fait naturellement, même fans y penfer, & il faudroit fe forcer pour ne les pas faire.

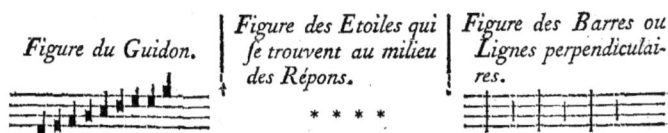

Figure du Guidon.	*Figure des Etoiles qui fe trouvent au milieu des Répons.*	*Figure des Barres ou Lignes perpendiculaires.*

Le Guide ou Guidon eft un certain petit carraĉtere, lequel étant pofé à la fin des lignes, montre le lieu & le degré où doit être fituée la premiere note de la ligne fuivante.

Les Sçavans dans l'art de chanter, font bien plus attentifs à obferver la clef comme plus certaine, que les guides qui font le plus fouvent mal placés.

En effet, il ne faut pas plus de tems à regarder la clef qui eft au commencement de la ligne ; & on évite encore cet autre inconvénient, qui eft que fouvent on fe contente de regarder le guide de la ligne précédente , sans regarder la clef de celle qu'on chante ; enforte qu'étant au milieu de la ligne , on ne sçait quelle note on chante ; ce qui fait manquer beaucoup de personnes.

L'Etoile marquée au milieu des Répons , montre la reprise ou l'endroit où le chœur doit les reprendre ; & quand il s'en trouve deux , la premiere indique la reprise d'après le Verset , & la seconde marque la reprise d'après le *Gloria Patri.*

Les Barres ou Lignes perpendiculaires ou de travers , grande & petite , que l'on rencontre sur les lignes ou regles de Plein-Chant , font instituées pour avertir de prendre haleine, & se reposer tous ensemble ; avec cette distinction cependant , que les grandes , c'est-à-dire celles qui outrepassent , ou traversent toute la portée , pattée ou échelle des quatre lignes , ou regles du Plein-Chant , marquent un plus grand repos que les petites qui ne traversent pas entierement ces lignes. On met donc dans les livres bien réglés des barres à toutes les virgules & au sens des paroles ; & quand le sens des paroles est trop long , on en met encore à quelque sens de la modulation du Chant : en quoi il y a deux extrêmités à éviter ; l'une d'en repandre confusément sur chaque mot , l'autre de n'en point mettre du tout. Les Livres de la premiere espéce font aussi défectueux que ceux de la seconde ; parce que ne sçachant où se reposer , & les uns prenant haleine à un endroit , & les autres à un autre , cela cause des disputes scandaleuses , d'où naissent des contre-tems , & des cacophonies insuportables. C'est pourquoi il n'y a que les Compositeurs les plus experts , & les premiers maîtres dans l'art , capables d'employer exactement ces barres , & de les distribuer à propos.

On remarquera ici que l'Intonation de toutes & chacune des parties de l'Office divin , comme Antienne, Répons, Hymne, Cantique, Introite, &c. s'étend jusqu'à la premiere grande barre ou pause , & que cette même grande barre est aussi marquée dans tous les endroits où le Chœur doit reprendre la fin de quelque partie de l'Office , comme des Versets des Graduels , Alleluia , &c.

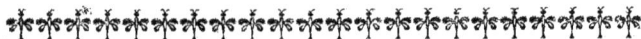

CHAPITRE VIII.

Des Tons & Demi-tons.

Nous avons dit ci-dessus , qu'entre les sept Notes ou sons différens & principaux qui composent la Gamme , les unes forment des secondes majeures , & les autres ne font que des secondes mineures, ou pour mieux parler, des tons & des demi-tons ; car c'est ainsi que l'on s'explique aujourd'hui, non pas par le terme de *fecondes*.

Difons donc qu'il y a dans le Plein-Chant, des Tons & Demi-tons; c'est ce qu'il faut bien fçavoir & comprendre.

Cette différence du Ton & Demi-ton n'a à la vérité aucune marque extérieure & vifible ; mais elle n'en eft pas moins vraye, auffi bien que la tierce dont nous remettons à parler ci-après : car par exemple *ut* n'eft pas plus éloigné du *re*, que le *mi* du *fa*, ni le *fol* du *la* que le *fi* de l'*ut*; cependant du l'*ut* au *re* il y a un ton auffi bien que du *fol* au *la*; mais il n'y a qu'un demi-ton du *mi* au *fa*, & du *fi* à l'*ut*.

Au refte, pour faciliter la connoiffance des Tons & des Demi-tons, il n'y a qu'à bien retenir, qu'entre toutes les notes de l'octave, il y a toujours un ton, excepté deux endroits qui font de *mi* à *fa* & de *fi* à *ut*, où il n'y a qu'un demi-ton; c'eft-à-dire, pour le rebattre encore une fois en peu de mots, qu'il y a pareille diftance ou chemin de monter de l'*ut* au *re*, qu'à defcendre du *re* à l'*ut*, à monter du *re* au *mi*, comme à defcendre du *mi* au *re* ; mais en montant du *mi* au *fa* ou du *fi* à l'*ut*, il faut un peu feindre; parce qu'il n'y a qu'une petite diftance, laquelle eft de même en defcendant de l'*ut* au *fi* & du *fa* au *mi* ; ce que chacun peut fe rendre extrêmement fenfible & intelligible par les exemples d'un pas, ou d'un pied, ou d'un pouce, en fe difant à foi-même : fi par le mot de *ton* on entendoit un pas, un pied ou un pouce, conféquemment il ne faudroit entendre par le terme de *demi-ton*, qu'un demi-pas, un demi-pied, ou un demi-pouce.

Ceci étant une fois bien entendu, on n'aura pas de peine à concevoir, que dans l'étendue d'une octave, comme de l'*ut* en bas, jufqu'à l'*ut* en haut, il y a cinq Tons & deux Demi-tons, dont nous nous affurerons mieux en les comptant tous l'un après l'autre. Ainfi il y a en montant,

De l'*ut* au *re*, un ton.
Du *re* au *mi*, un ton.
Du *mi* au *fa*, un demi-ton.
Du *fa* au *fol*, un ton.
Du *fol* au *la*, un ton.
Du *la* au *fi*, un ton.
Du *fi* à l'*ut*, un demi-ton.

Par la même raifon, il y a en defcendant ;
De l'*ut* au *fi*, un demi-ton.
Du *fi* au *la*, un ton.
Du *la* au *fol*, un ton.

Du *fol* au *fa* , un ton.
Du *fa* au *mi* , un demi-ton.
Du *mi* au *re* , un ton.
Du *re* à l'*ut* , un ton.

L'on voit par ces exemples , que comme nous l'avons déja dit plus
haut , il y a un Ton dans tous les espaces d'une octave , excepté de
mi à *fa* & de *fi* à *ut* , où il n'y a qu'un demi-ton. L'on voit aussi,
sans qu'il soit besoin de le dire , que comme il n'y a que demi-ton
de *mi* à *fa* & de *fi* à *ut* en montant , ainsi il n'y a pas d'avantage de
fa à *mi* & d'*ut* à *fi* en descendant ; puisque dans une ligne ou une regle,
l'espace est égal entre les deux extrémités , de quelque côté que l'on
commence.

CHAPITRE IX.

Des *six intervalles du Plein-Chant , & principalement de la Tierce Majeure & Mineure.*

IL y a dans le Plein-Chant six intervalles , sçavoir , la tierce , la
quarte , la quinte , la sixiéme , la septiéme , & l'octave : mais
il faut remarquer que la septiéme n'est jamais en usage, la sixiéme &
l'octave très-rarement ; desorte qu'à proprement parler , il n'y en a
que trois qui composent tout le Plein-Chant , qui seroit absolument
fade & insipide sans cette variété d'intervalles, qui ne se suivent pas toujours les uns après les autres selon leur rang , comme 1 , 2 , 3 , mais
sont tellement mêlés dans le Plein-Chant & dans la Musique, que
l'on n'y garde d'autre ordre que le bon goût , & le génie du Compo-
siteur. Une piéce par exemple commencera quelquefois par une quinte ,
ensuite une tierce , une seconde , une quarte , une sixiéme , &c. comme il est aisé de le remarquer dans les Livres.

L'appréhension où je suis que les termes de *tierces* , *quartes* , *quintes* , &c. n'embarrassent ou ne rebutent même entierement les commençans , si je ne les leur explique plus nettement pour les leur faire
comprendre , & distinguer sans peine en toute occasion , me fait
croire qu'il est à propos d'entrer sur cela dans le plus grand détail , en
leur marquant ici qu'on reconnoît ces tierces , quartes , quintes , &c.
par les degrés qu'elles occupent ou contiennent. La tierce par exemple en occupe trois , sçavoir , *ut mi* , & le *re* supposé entre les deux.
La quarte en occupe quatre , sçavoir , *ut fa* & *re mi* supposés entre

les deux éloignées. La quinte en contient cinq, fçavoir, *ut fol* & *re mi fa* fuppofés entre les deux extrêmes. La fixiéme en contient fix *ut la*, & *re mi fa fol* fuppofés entre deux. La feptiéme en occupe fept, fçavoir, *ut fi*, & *re mi fa fol la* qui peuvent être fituées entre. L'octave en occupe huit, fçavoir, l'*ut* en bas & l'*ut* en haut, avec *re mi fa fol la fi* entre les deux.

Quand les plus grands intervalles, comme de quarte ou de quinte, paroiffent difficiles à faire tout d'un coup, fur-tout aux commençans, il faut dire & prononcer avec les deux notes extrêmes, c'eft-à-dire la premiere & la derniere, toutes celles qui peuvent être fituées entr'elles & qui y font fuppofées, puis retenant dans fon idée les fons de ces deux notes extrêmes ou éloignées, autrement premiere & derniere, les reprendre tout d'un coup & prononcer auffi-tôt feules. Par exemple, s'il y a une quinte en montant, comme du *re* au *la*, il faut dire *re mi fa fol la*, & auffi-tôt prononcer *re la*, ce qui s'appelle *folfier*.

Il faut avouer que la fixiéme, que nous avons dit n'être gueres d'ufage, n'eft pas aifée à faire comme l'on dit fur le champ, il faut donc prononcer les notes qui font entre les deux extrêmes, & faire enfuite cette fixiéme qui à la vérité eft difficile, quand on la préfente toute feule, mais qui devient très-aifée dans la fuite d'une piece; parce que le Chant y porte naturellement.

Venons aux tierces, & difons que comme il y a deux fortes de fecondes, l'une majeure ou ton, & l'autre mineure ou demi-ton, ainfi il y a deux fortes de tierces, dont l'une eft majeure & l'autre mineure, à la différence de la quarte, de la quinte, & de l'octave qui font joujours égales.

La tierce majeure contient deux tons pleins.

La tierce mineure ne contient qu'un ton & demi.

Dans l'étendue d'une octave d'*ut* en bas, jufques à *ut* en haut : il y a trois tierces majeures & trois tierces mineures. Par exemple il y a en montant,

De l'*ut* au *mi*, une tierce majeure.
Du *re* au *fa*, une tierce mineure.
Du *mi* au *fol*, une tierce mineure.
Du *fa* au *la*, une tierce majeure.
Du *fol* au *fi*, une tierce majeure.
Du *la* à l'*ut*, une tierce mineure.

Par la même raifon, dans l'étendue d'une octave d'*ut* en haut, jufques à l'*ut* en bas, il y a trois tierces majeures, & trois mineures. Par exemple il y a en defcendant,

De l'*ut* au *la*, une tierce mineure.
Du *si* au *sol*, une tierce majeure.
Du *la* au *fa*, une tierce majeure.
Du *sol* au *mi*, une tierce mineure.
Du *fa* au *re*, une tierce mineure.
Du *mi* à l'*ut*, une tierce majeure.

Dans l'étendue d'une octave de *re* en bas, jufques à *re* en haut, il y a quatre tierces mineures, & deux majeures. Par exemple il y a en montant,

De *re* à *fa*, une tierce mineure.
De *mi* à *sol*, une tierce mineure.
Du *fa* au *la*, une tierce majeure.
Du *sol* au *si*, une tierce majeure.
Du *la* à l'*ut*, une tierce mineure.
Du *si* au *re*, une tierce mineure.

Par la même raifon, dans l'étendue d'une octave de *re* en haut, jufques au *re* en bas, il y a quatre tierces mineures, & deux majeures. Par exemple il y a en defcendant,

Du *re* au *si*, une tierce mineure.
De l'*ut* au *la*, une tierce mineure.
Du *si* au *sol*, une tierce majeure.
Du *la* au *fa*, une tierce majeure.
Du *sol* au *mi*, une tierce mineure.
Du *fa* au *re*, une tierce mineure.

Il eft à remarquer, qu'il y a deux manieres de compofer & de chanter, l'une par tierce mineure, & l'autre par tierce majeure : toutes les pieces de Plein-Chant fe réduifent-là : les Compofiteurs s'en fervent à leur choix, felon leur génie, & conformément à la lettre qui infpire la joye ou la trifteffe.

Si l'on a dit plus haut qu'il falloit bien concevoir la différence d'un ton, & d'un demi-ton; il eft encore d'une plus grande conféquence de fçavoir bien diftinguer les tierces majeures, d'avec les mineures pour ne point s'y tromper ; & il eft conftant que le défaut de cette connoiffance eft la fource la plus ordinaire des confufions qui arrivent dans un Chœur.

En un mot, pour fçavoir bien le Plein-Chant, il faut pouvoir dire fur le champ & fans héfiter : de cette note à celle-ci, il y a un ton ou un demi-ton ; de celle-ci à celle-là, il y a une tierce majeure ou mineure : ici eft une quarte ou une quinte, &c. le tout fans y faire qu'une fort légere attention.

CHAPITRE

CHAPITRE X.

*Des Tons des Pſeaumes, & des Pieces de Chant, Introïtes,
Offertoires, Communions, Antiennes, Répons, &c.*

I L faut obſerver que comme il y a huit tons différens pour chanter
les Pſeaumes, de même auſſi toutes les pieces de Plein-Chant,
comme Introïtes, Offertoires, Communions, Antiennes, Répons,
&c. ſont d'un certain ton, comme il eſt marqué dans les Livres nouveaux, où l'on voit un chifre à la fin de chaque piece, pour donner
à entendre de quel ton elle eſt. Ceux qui ſçavent le fond du Chant,
n'ont pas beſoin de ce chifre pour ſe régler; car quand on eſt une fois
inſtruit que tous les tons ont leur finale, leur médiante & leur dominante, pour connoître aiſément de quel ton eſt une piece de Chant
telle qu'elle puiſſe être, il n'eſt queſtion que de regarder la dominante
& la finale.

Ce que l'on appelle *finale*, eſt la note qui finit la piece.

La *médiante* eſt une note qui ſe remarque entre la finale & la dominante. Cette note médiante eſt ſi palpable dans le *fa* du premier,
& dans le *la* du cinquiéme ton, qu'il n'eſt pas beſoin d'en dire d'avantage pour apprendre à la connoître, afin de s'arrêter plus utilement
aux deux notes eſſentielles; c'eſt-à-dire, à la finale que nous venons
de définir, & à la dominante : Cette *dominante* eſt de toutes les notes de la piece, celle qui y étant le plus ſouvent répétée, ſemble do-
miner & commander toute la piece, & non pas la plus haute, comme on pourroit ſe le figurer; c'eſt ce qu'il faut bien remarquer.

Il eſt aiſé de le connoître dans le chant des Pſeaumes, où les voix
ſe font bien plus entendre ſur cette note dominante, que ſur tout le
reſte. Par exemple, lorſqu'on chante un Pſeaume du premier ton, le
la qui eſt une quinte plus haut que la finale, eſt la note qui domine le plus dans les voix : il en eſt de même des autres tons, où les
dominantes ſe font ſentir davantage.

Si par hazard il ſe rencontre quelques pièces de Chant ſi hétéro-
clites, que l'on ait peine à juger de leur véritable ton, en ce cas, outre l'obſervation de la finale & de la dominante, il faut auſſi prendre
garde à la différence des clefs, & à leurs différentes poſitions : c'eſt
le ſeul moyen non-ſeulement de ne ſe point tromper, mais encore de
trouver toujours aiſément & au juſte le ton que l'on cherche.

Il y a autant de finales & de dominantes, que de tons.

Il y a huit tons ; par conséquent il y a huit finales, & huit dominantes.

La finale du premier ton est le *re*, la dominante est le *la* à la quinte de la finale.

La finale du second ton est aussi un *re*, & la dominante est *fa* à la tierce mineure de la finale.

La finale du troisiéme ton est un *mi*, & la dominante est l'*ut*, une sixiéme plus haut.

La finale du quatriéme ton est le *mi*, comme le troisiéme ; mais la dominante est le *la* à la quarte de la finale.

La finale du cinquiéme ton est un *fa*, & la dominante un *ut* à la quinte de la finale.

La finale du sixiéme ton est un *fa*, la dominante est un *la* à la tierce de la finale.

La finale du septiéme ton est un *sol*, & la dominante est un *re* à la quinte de la finale.

La finale du huitiéme & dernier ton est *sol*, la dominante est *ut* à la quarte de la finale.

Il faut sçavoir que le premier ton, le second, le troisiéme, & le quatriéme, procedent par tierces mineures ; que le cinquiéme ton, le sixiéme, le septiéme & le huitiéme, procedent par tierces majeures.

Il est aussi à remarquer que dans tous ces huit tons, les uns ont leur étendue en bas, & les autres l'ont en haut ; ce qu'il faut bien sçavoir.

Les tons impairs, c'est-à-dire, le premier, le troisiéme, le cinquiéme, & le septiéme, ont leur étendue en haut.

Les autres, comme le second, le quatriéme, le sixiéme & le huitiéme, ont leur étendue en bas.

Pour soulager votre mémoire, vous n'aurez qu'à apprendre par cœur les deux vers suivans.

F. D.	F. D.	F. D.		F. D.
1	2	3	4	
Pri. re la :	*sec. re fa :*	*ter. mi ut :*	*quart. quoque mi la :*	

F. D.	F. D.	F. D.	F. D.
5	6	7	8
Quint. fa ut :	*sex. fa la :*	*sept. sol re :*	*oct. dato sol ut.*

Comme ces vers sont en latin, on prévient ceux qui ne le sçavent pas, que ces syllabes *pri. sec. ter. quart. quint. sex. sept. oct.* sont des abréviations des mots *primus, secundus, tertius, quartus, quintus, sextus, septimus, octavus*, qui signifient en françois, premier, second, troisiéme, quatriéme, cinquiéme, sixiéme, septiéme & huitiéme ; ensorte que *pri. re* & la lettre *f* au dessus, & *la* avec un *D* pareillement au-deſſus, veut dire, que le premier a pour finale un *re*, & pour dominante un *la*, & ainſi de tous les autres. Ces mots *quoque*, qui ſignifie auſſi ou pareillement, & *dato* qui vient du verbe *dare*, *do*, donner, accorder, ne doivent point les embarraſſer, n'ayant été mis que pour la liaiſon & meſure des vers.

Cet avertiſſement, & les chifres que l'on a pris ſoin de placer au-deſſus de chaque ſyllabe, *pri. ſec.* & les ſuivantes, pour annoncer qu'elles veulent dire, premier, ſecond, &c. ne laiſſent plus d'obſcurité dans les termes.

Pour bien entonner les Pſeaumes ſur leurs différens tons, il faut obſerver que le premier & le ſixiéme ton commencent tous deux de même par les trois notes ſuivantes, *fa*, *ſol*, *la*.

Le troiſiéme & le huitiéme ton pareillement commencent par *ſol*, *la*, *ut*.

Le ſecond commence par *ut*, *re*, *fa*.

Le quatriéme ton commence ainſi : *la*, *ſol*, *la*.

Le cinquiéme ton, *fa*, *la*, *ut*.

Enfin, le ſeptiéme ton par les notes : *ut*, *ſi*, *ut*, *re*.

En retenant bien le commencement de chaque intonation des Pſeaumes, vous aurez une grande facilité à en trouver la fin, & vous parviendrez à les entonner tous en maître, & non en petit écolier timide, tremblant & déconcerté, dont toute l'adreſſe & la reſſource eſt de feuilleter à chaque Pſeaume ou Cantique la fin du livre, pour attraper au vol & au hazard ſon ton & ſa modulation.

Mais afin que vous puiſſiez avoir encore plus de facilité à entonner les Pſeaumes en maître, pour ſoulager votre mémoire, vous n'aurez qu'à apprendre & retenir par cœur les quatre vers ſuivans, qui renferment le précis de tout ce que nous venons de dire ſur l'intonation des Pſeaumes, & n'en ſont que la répétition.

1   6
Primus cum, ſexto, fa, ſol, la, ſemper habeto.

3   8   2
Ternus & octavus ſol, la, ut : ut, re, fa, ſecundus.

               4   5
La, ſol, la, quartus : fa, la, ut, quintus habebit.

7
Septimus ut, ſi, ut, re : Cunctos ſic incipe cantus.

Ces vers ne doivent pas plus embarraſſer ceux qui ne ſçavent pas le latin, que les précédens, n'y ayant que les ſeuls chifres à regarder pour les expliquer & comprendre ; parce que tous les autres mots latins ne ſont pareillement que pour la liaiſon & meſure des vers.

J'oubliois de prévenir ici les jeunes gens, que les fix lettres qui fe rencontrent dans les anciens Antiphoniers à la fuite de chaque Antienne *æ u o u a e,* font un abrégé de *fæ-cu-lo-rum-a-men,* & fervent à indiquer la terminaifon de chaque Pfeaume fur chaque Antienne.

Voilà toutes les regles que je me fuis propofé de donner aux jeunes Eccléfiaftiques & Religieux, & à tous ceux à qui la divine bonté infpirera quelque zele pour fa gloire, & quelqu'amour pour fon fervice. Tant les uns que les autres doivent s'appliquer à les fçavoir, & à les pratiquer avec exactitude; & pour y procéder avec ordre, après avoir chanté plufieurs fois entierement & bien avec leur maître les octaves ci-jointes, qui contiennent les premiers élémens du Chant, c'eft-à-dire, les huit notes de la Gamme, tant en montant qu'en defcendant, ils pafferont fucceffivement aux doubles, aux tierces, &c. qu'ils chanteront auffi entierement, tant en montant qu'en defcendant, afin que les différens fons de ces notes s'infinuent tellement dans leur imagination, qu'ils puiffent acquérir l'habitude certaine, & même naturelle de les chanter feuls fans maître, avec toute la facilité & jufteffe poffible; enfuite ils viendront aux autres exemples de Chant qui les fuivent, & s'exerceront fouvent à *folfier;* je veux toujours dire à former les différens fons des notes, fuivant leur différente pofition, tant à degrès conjoints, qu'à degrès dis-joints; ce qui leur formera tellement la voix, qu'ils fe trouveront bien-tôt en état de commencer à marier la parole avec la note, en choififfant d'abord quelques pieces de Chant, faciles dans les Livres de Plein-Chant Romain, ou tel autre qu'ils pourront avoir en leur difpofition, en commençant par l'Antiphonaire, comme plus aifé que le Graduel; puis ils prendront l'effor à toutes fortes d'endroits à livre ouvert: mais ils doivent bien prendre garde de fe trop preffer d'en venir là; car comme je l'ai déja marqué ci-devant, ils ne fçauront jamais leur Chant, s'ils veulent joindre la parole aux notes avant que d'en être bien fûrs, c'eft-à-dire, de les connoître & fçavoir chanter parfaitement. Pourquoi, fans préjudice à ce que je viens de dire fur ce fujet, je fuis d'avis qu'après & outre les exemples ci-joints, ils s'exercent encore long-tems fur la note feulement dans les Livres d'Eglife, en commençant comme je viens de le dire par l'Antiphonier; & quand ils feront venus au point de fçavoir *folfier* & entonner parfaitement les notes, pour lors ils feront l'application des paroles, avec le fecours du maître dans des livres bien réglés; ce qui aura infailliblement un tel fuccès, qu'après peu de tems d'un femblable exercice, ils auront honte d'avoir trouvé la moindre difficulté dans ce qui leur paroiffoit le plus difficile, & l'étoit effectivement.

Comme l'exercice tant de ceux qui apprennent, que de ceux qui enseignent le Plein-Chant, tient quelque chose de l'Office divin, & y a un rapport tout particulier ; je me suis appliqué tant que j'ai pû à choisir tout ce que j'ai crû de plus capable d'entretenir & d'augmenter en eux cette idée & cette persuasion singulierement par la plûpart des Antiennes qui étant comme autant d'Oraisons jaculatoires, peuvent beaucoup contribuer à ranimer en tous ceux qui les chanteront, les sentimens de piété les plus tendres & les plus vifs dont le cœur d'un véritable Ecclésiastique & Religieux doit toujours être pénétré, & à réveiller l'attention continuelle qu'ils doivent avoir à traiter dignement les choses saintes, & tout ce qui y a rapport. Les jeunes Ecclésiastiques, les Novices & les jeunes Profès des Ordres Religieux, se ressouvenant donc sans cesse qu'ils sont obligés de faire sur la terre ce que les Anges font dans le Ciel, & de commencer à bien faire dans le tems, ce qu'ils doivent pratiquer durant toute l'éternité, s'étudiront à avoir un grand zele pour s'exercer avec plaisir à apprendre le Plein-Chant, comme une chose sans laquelle ils ne peuvent, comme nous l'avons déja dit, s'acquitter de leur employ, qui est le prélude des joies de la sainte Sion & de la Jérusalem céleste, & un exercice dans lequel on ne fait plus ses propres affaires, comme dans la plûpart des autres exercices de la vie, mais l'ouvrage & l'affaire de Dieu. Ainsi outre un maintien vrayment ecclésiastique & religieux dans la posture du corps & dans le silence, quand ils tomberont par hazard sur quelqu'Antienne, Répons, ou autre exemple de Chant, qui exprime quelque Priere de l'Eglise, ou qui contienne quelque chose de dévot, ils en prendront occasion d'élever leur cœur & leur esprit à Dieu, & d'y conformer intérieurement leurs affections ; puisqu'en effet les efforts qu'ils font en s'exerçant de la sorte, sont les essais du Service divin, & comme les préludes des louanges qu'ils doivent le plus souvent rendre à Dieu le moment d'après.

Je ne puis trop leur répéter encore de bien remarquer la position des clefs, & si elles ne sont point accompagnées de bémol, afin de ne s'y pas tromper, & d'observer les regles prescrites ci-dessus. Je les avertis en même-tems de prendre garde sur-tout de ne point forcer leur voix, & de bien ménager leur haleine ; car la propreté du Chant dépend beaucoup de cela, aussi bien que de l'oreille, c'est-à-dire de l'attention qu'ils doivent avoir aux différens sons que leur voix formera, pour les rectifier en cas qu'ils y ayent manqué en quelque chose.

Enfin, l'Ecclésiastique & le Prophéte Isaïe vont couronner mon ouvrage, en me fournissant les expressions des dernieres instances qui me restent à faire à ces jeunes gens.

» Ecoutez-moi donc , ô germes divins , & portez des fruits comme
» des rosiers plantés sur le bord des eaux. Repandez une agréable odeur
» comme le liban : portez des fleurs comme le lys : jettez une odeur
» douce : pouffez des branches de grace:chantez des cantiques, & bé-
» niffez le Seigneur dans fes ouvrages : relevez fon Nom par de ma-
» gnifiques éloges : louez-le par les paroles de vos lévres,par le chant
» de vos cantiques , & par le fon de vos harpes. ECCLÉS. 39.

» Car comme la terre fait germer la femence,& comme un jardin
» fait pouffer ce qu'on y a planté, ainfi, s'il plaît au Seigneur de bénir
» mon petit travail,& de récompenfer votre docilité en fe fervant de
» vous pour faire germer fa juftice & fleurir fa louange aux yeux de
» toutes les nations , je ne puis manquer de me réjouir en lui, ni mon
» ame d'être ravie d'allégreffe ; parce que me croyant alors revêtu des
» vêtemens du falut, & paré des ornemens de la juftice , je me regar-
» derai comme un époux qui a la couronne fur la tête , & comme une
» epoufe parée de toutes fes pierreries. ISAIE. 61.

*Obaudite me divini fructus, & quafi rofa plantata fuper rivos aquarum
fructificate.Quafi libanus odorem fuavitatis habete:florete flores quafi lilium,
& date odorem,& frondete in gratiam,& collaudate canticum,& benedicite
Dominum in operibus fuis : date nomini ejus magnificentiam,& confitemi-
ni illi in voce labiorum veftrorum, & in canticis labiorum & citharis. EC-
CLÉSIAST. 39.*

*Sicut enim terra profert germen fuum, & ficut hortus femen fuum germi-
nat,fic Dominus Deus germinabit juftitiam & laudem coram univerfis gen-
tibus. Gaudens gaudebo in Domino & exultabit anima mea in Deo meo,
quia induit me veftimentis falutis , & indumento juftitiæ circumdedit me,
quafi fponfum decoratum coroná , & quafi fponfam ornatam monilibus
fuis. ISAIÆ. 61.*

Venons maintenant aux Exemples.

EXEMPLES

DE TOUTES

LES PIECES DE CHANT

PROPRES A S'EXERCER,

TANT SUR LA NOTE,

QUE SUR LA LETTRE.

CHAPITRE XI.

Exemples d'Octaves, Doubles, Tierces, &c. Préludes de Chant. Tons des Pieces de Chant & des Pseaumes. Exemples de Demi-notes breves, Ligatures, Dieze, & Tremblemens.

OCTAVES.

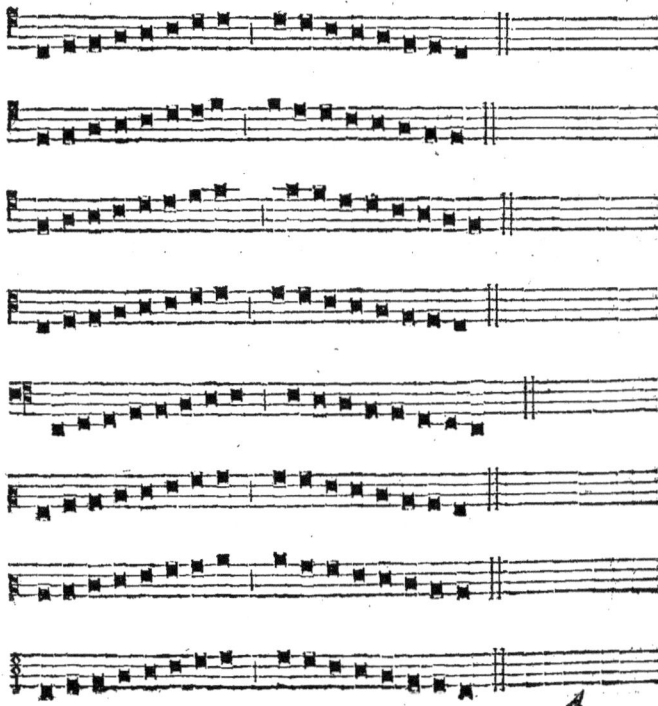

DOUBLES.

TIERCES.

QUARTES.

QUINTES.

PRÉLUDES OU EXEMPLES D'UN CHANT SUIVI,
TANT PAR BÉCARRE QUE PAR BÉMOL.

A ij

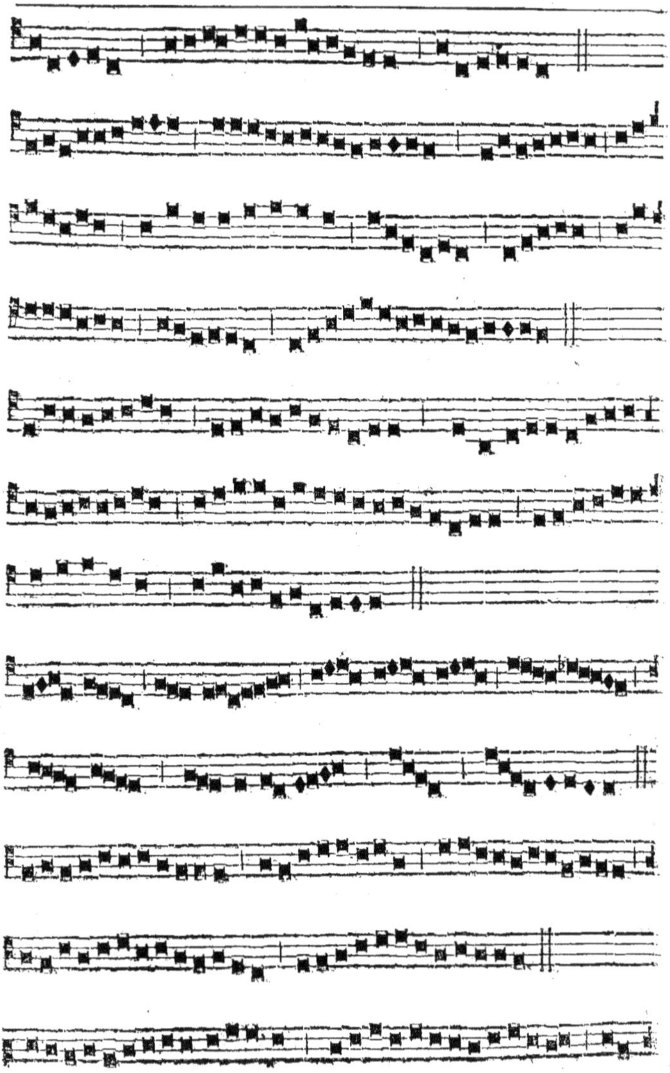

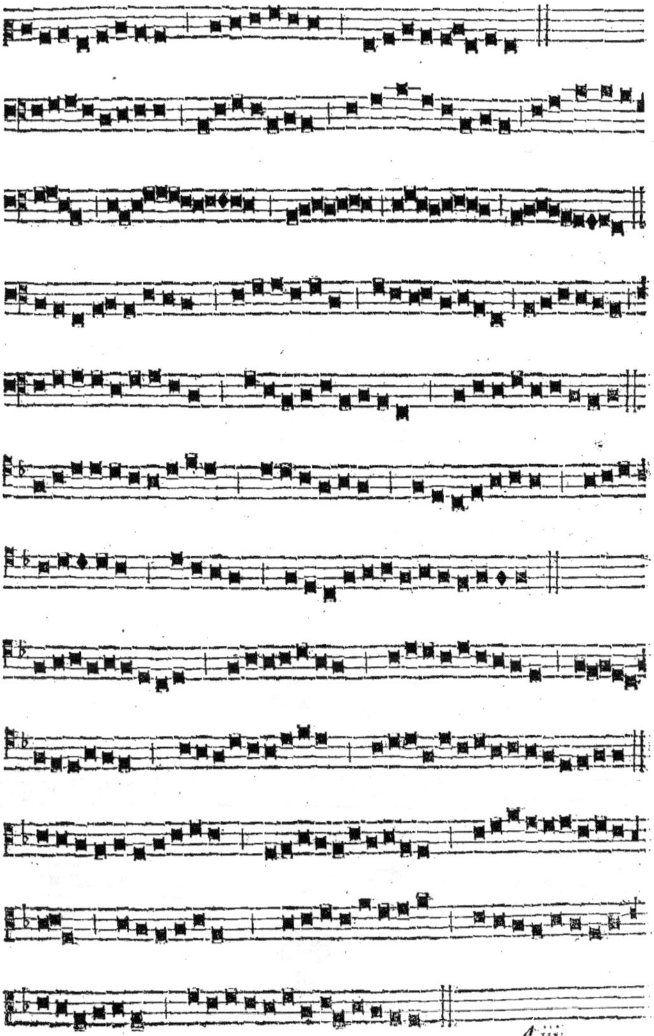

EXEMPLES COURTS DES TONS

QUI regardent toutes les Piéces de Chant, en commençant par le premier Ton, qui regarde généralement les Introïtes, Offertoires, Communions, Antiennes, Répons, &c.

PREMIER TON.

SECOND TON.

TROISIEME TON.

QUATRIEME TON.

CINQUIEME TON;   *ou sans Bémol.*

SIXIEME TON.

SEPTIEME TON.

HUITIEME TON.

EXEMPLE plus court, où on ne marque que la finale & la dominante des Tons de chaque Piéce de Chant.

1. ton. | *2. ton.* | *3. ton.* | *4. ton.* | *5. ton.* | *6. ton.* | *7. ton.* | *8. ton.*

EXEMPLE des huit Tons des Pseaumes & des Cantiques.

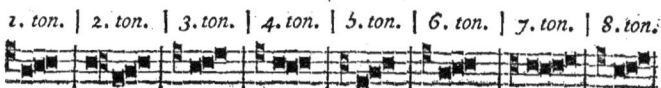

1. ton. | *2. ton.* | *3. ton.* | *4. ton.* | *5. ton.* | *6. ton.* | *7. ton.* | *8. ton.*

EXEMPLES des Demi-notes breves, des Liaisons ou Ligatures, du Dieze, & des Tremblemens ou Cadences.

CHAP-

CHAPITRE XII.

Recueil choifi de quelques Antiennes en forme d'exhortations d'une agréable variété & tendre dévotion, pour fervir à exercer les Novices dans l'Art de chanter, d'abord fur la note feulement, & enfuite fur la lettre; en faveur de ceux qui n'ont pas de Livres en leur difpofition.

*En premier lieu le Maître, après des témoignages de paix & de bénédi-
ction, déclare ici à fes Novices, qu'il va chanter, & demander à Dieu les
graces qui leur font néceffaires.*

E- Lectis fe- cun- dum præfci- en-ti-am De-i pa-

tris, in fancti-fi- ca- ti-o-nem Spi- ri-tus, in o- be- di-en-

ti-am & af- per-fi-o- nem fangui-nis Je- fu Chrifti,

gra-ti-a, & pax. *4. ton.*

E- go fum, e- go fum, qui Do-mi- no ca- nam,

pfal- lam Domino De-o If- ra-el. Al- le- lu-ya. *1. ton.*

A- da-pe-ri-at Dominus cor veftrum in le-ge fua,

B

& in præceptis su-is, & fa- ci-at pacem in die-bus vestris :

concedat vobis fa-lu-tem , & re-di-mat vos à malis. *1.*

E- xau-diat Dominus o-ra-ti-o- nes vestras, & re-conci-

li-e- tur vobis ; nec vos de-ferat in tempore ma-lo

Do-minus Deus noster. *3.*

LEvate ca-pita vestra : ecce appropinquat redemptio

vestra, al-leluya. *1.*

GAude- bitis , usque in sempiternum in his quæ ego cre-o ;

quia ec-ce ego creo Je-ru-salem exul-ta- ti-o-nem, &

populum ejus gaudium. *4.*

ALliga- ri, & mori paratus sum propter nomen Domini.

Jeſu. *7.* GAudium & læ-titia invenie- tur in

Sion, grati-a-rum a- &tio & vox laudis. *5.*

Ici le Maître des Novices va demander à Dieu la grace de n'être point ébranlé dans ſon entrepriſe, & de ſurmonter courageuſement toutes les contradictions qu'il rencontrera; en l'aſſurant qu'il lui en rendra de perpétuelles actions de graces, tant ici bas, que dans la terre des vivans, la Jéruſalem céleſte, & le ſéjour des Bienheureux.

PEr- fice, Do-mine, greſſus meos in ſemitis tu- is ut non

mo-vean- tur veſti-gia me-a. *4.*

IN- tret poſtula- tio me- a in conſpectu tuo, Domine. *7*

SEcundum miſe- ricordiam tu-am vivifica me, Deus. *z.*

PEr ſingulos dies benedicam te, Domine. *8.*

IN æ-ter-num & in ſæ- culum ſæ-culi. *8.*

POrtio me-a; Domine, ſit in terra viventium. *8.*

ADhæreat lingua mea faucibus me-is, si oblitus fuero

tu-i, Je- rusalem. *6.*

IN vo-ce laudis immola-bo tibi : quæcumque vovi, red-

dam pro salu-te Do-mino. Al- le- luya. *6.*

VOta mea Domino reddam in conspectu omnis populi ejus. *3.*

IN domum Domini lætantes i- bimus. *4.*

ADo-ra- bimus in loco, ubi steterunt pedes ejus. *2.*

Ici le Maître des Novices va exhorter ses Ecoliers à écouter & à profiter
de ses leçons, en combattant toute répugnance sur ce sujet, par la considé-
ration de ce qu'ils sont, & des obligations de leur état de Chrétiens & d'Ec-
clésiastiques ou Religieux ; & conjurer le Ciel de leur accorder cette grace.

AUdite, fi-li-i, disciplinam pa-tris, & le-gem meam ne

de-re-linquatis. *5.*

ABluti e- ftis, fanctifica- ti eftis in nomine Domini noftri

Jefu Chrifti, & in Spiritu De-i noftri, al-le-luya. 4.

VOs genus electum, regale facerdo- tium, gens fancta, po-

pulus acqui-fitio- nis, ut virtu-tes an- nun-tie-tis e-jus, qui

de tenebris vos voca- vit in ad-mirabile lumen fu-um. 1.

JAm non e-ftis ho-fpites & ad-venæ ; fed eftis cives fancto-

rum, & domeftici De- i. 1.

QUi era- tis longè, fa- cti eftis propè in fanguine Chrifti,

al-le-lu- ya. 6.

UNctio-nem habe-tis a fancto, & noftis omnia. al-le- luya. 2.

DEt vo- bis De-us virtu-te corrobora-ri per fpiritum e-jus.

B iij

in in-te-ri-o- rem ho-minem, ut in cha-ri-ta- te ra- dica- ti

& funda-ti implea- mini in omnem plenitu-dinem De- i,

al- le- luya. *1.*

Ici le Maître des Novices va exhorter, preſſer, conjurer ſes Ecoliers de s'attacher étroitement & inviolablement à Dieu, & de renoncer à toute erreur & ſéduction qui s'y oppoſera.

PAr-ti- cipes Chriſti effe-cti ſumus; videte ne forte ſit in

a- liquo veſtrûm, cor malum incredulita tis, diſcedendi a

Deo vi- vo. *8.*

IN Chriſto e-docti eſ- tis, ſi tamen illam audiſtis, depo-

nere vos veterem hominem, qui corrumpitur ſecundum deſi-

deria er- ro-ris. *4.*

EStote fortes in bel-lo , & pugnate cum antiquo ſerpente:

& accipie- tis regnum æternum, alle- luya. *1.*

USquequo claudica- tis in du-as partes ? si Dominus est

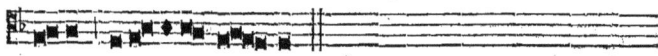

Deus, sequimini e- um. *5.*

OM-nes sitien- tes venite ad aquas: quæ- rite Dominum,

dum inveni- ri potest, alle- lu- ya. *7.*

TRadite ma- nus Do-mino, & venite ad sanctua- rium

e- jus, quod sanctifica- vit in æ- ternum. *4.*

HAurie- tis aquas in gaudio de fontibus Salva-

to- ris; & dice- tis in di- e illa, con-fite-mini Do-mino, &

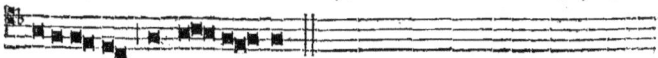

invoca-te nomen e- jus. *6.*

Ici le Maître des Novices va exhorter ses Ecoliers à respecter sincérement les successeurs de S. Pierre, Vicaire de Jésus-Christ & Chef de son Eglise, en regardant chaque Pape comme un autre Samuel choisi de la main de Dieu même pour gouverner son peuple, & en lui souhaitant au Ciel une place proportionnée à celle qu'il occupe ici-bas.

SAcerdos magnus surre-xit in nobis, & De- us vi-si-ta-vit

plebem suam. *4.*

COgnoverunt omnes a Dan usque Bersabe- e , quod

fide-lis Samuël propheta esset Domini. *1.*

HIc est pastor o- vium, princeps e- piscopo- rum : illi

traditæ sunt claves regni cælorum. *1.*

A-Vertantur retrorsum , & e- rubes- cant, qui co- gitant

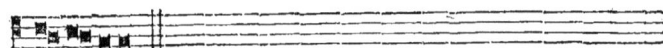

e- i mala. *7.*

COllocet e- um Dominus cum principibus po- puli su- i. *8.*

Ici le Maître des Novices va recommander à ses Ecoliers d'imiter son amour tendre & inviolable, & sa soumission respectueuse, pour la sainte Eglise Catholique, Apostolique, & Romaine, hors laquelle il n'y a point de salut; & de ne se point lasser de combattre tous ceux qui se révoltent contre sa doctrine & son autorité en matiere de Religion.

ZElus domus De- i comedit me, & opprobria exprobran-

tium e-i ceci-derunt super me. *8.*

COntritum est cor meum in medio me-i, contremue- runt

omnia ossa me-a. *8.*

DOmus De- i est ecclesia De- i vi-vi; colum- na &

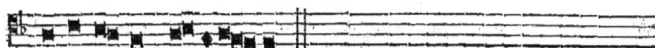

firmamentum ve-rita- tis. *5.*

FUndamenta hujus domus sapien- tia De- i fun- da-vit,

in qua Dominum cœ- li col-laudant Angeli, si ruant venti,

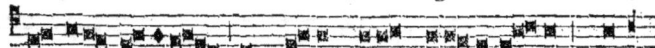

& fluant flumina, non possunt eam movere unquam, fun-

c

data énim erat ſupra pe-tram. 4.

DO- minus fundavit Si- on ; & in ipſo ſperabunt pauperes ejus 2.

IN mon-te Si- on ; erit ſalvatio ; & erit Domino regnum. 1.

COnfundantur omnes qui oderunt Si- on. 4.

COnfidenter ſtate , & vide-bitis auxi- lium Domini ſuper

vos, ô Juda & Je-ruſalem. 2.

NOlite ti- mere , nec pavea- tis ; Do- minus e- rit vobiſcum. 8.

IN mon-te Si-on poſuit nomen ſu-um in ſempiternum ; &

ultra non fa-ciet commove-ri pedem Iſ- raël. 2.

QUi ha- bet in cœ-lis habita- tio- nem , viſitator & adjutor

eſt lo-ci ; & venien-tes ad malefaci-endum percutit ac

per-dit. *6.* Exulta, & lauda, habita-tio Si-on ; quia

magnus in medio tu-i, fanctus If-raël. *5.*

*Ici le Maître des Novices va prier Dieu pour l'Eglise & pour fa paci-
fication, par la converfion de tous les Hérétiques & Schifmatiques.*

Qui cœlorum contines thronos, & a-byffos in-tue-ris

Domine rex regum, montes ponderas, terram palmo con-

cludis : e-xaudi me Domine in gemitibus meis. *1.*

Ref-pice de fanctua-rio tu-o, Domine, & benedic

populo tu-o. *2.* DOmus tua, Domine Deus, in fancti-

fica-tio-ne tu-a per-maneat. *3.*

SUfti-nu-imus pacem, & non venit : quæ-fivimus bona,

& ecce turba-tio : cognovimus Do-mine pecca-ta noftra,

C ij

non in perpe-tuum oblivif-caris nos De- us If- raël. *1.*

OM- nis incirconci-fus corde, om- nis filius a-lie- nus

non ingredia- tur fanctua- rium tuum. *5.*

TUa eft poten-tia, tuum regnum Domine, tu es fuper om-

nes gentes : da pacem Domine in die-bus noftris. *7.*

ECce fuper muros Jeru-falem confti-tuo cufto-des : tota die

& nocte non tacebunt laudare nomen tu-um. *2.*

PO-pulos voca-bunt ad montem : i-bi immola-bunt victimas

ju-ftitiæ. *3.* VEni Domine vifitare nos in pace ut

lætemur coram te corde perfecto. *7.*

PAx æ- ter-na ab æ-terno patre huic do-mui, pax

pe- rennis a perenni ver-bo fit hu-ic do-mui : pa- cem

pi-us consola- tor præstet huic do- mu-i. 1.

Ici le Maître des Novices satisfait de la docilité que ses Ecoliers appor-
tent à ses premieres leçons, va leur déclarer que commençant déja à ne les
plus regarder comme ses inférieurs, mais comme ses égaux & ses amis, il
ne tient qu'à eux d'épuiser sa tendresse en suivant les maximes dont il va les
instruire.

JAm non di-cam vos servos, sed amicos meos. 2.

VOs amici me-i es-tis si fece-ritis quæ præcipio vobis. 1.

DEponentes i-gitur omnem mali-tiam, sicut mo-do ge-

niti infan-tes ra-tio- na-bile sine do-lo lac concupiscite;

ut in e- o crescatis in glo- ria. 6.

HOc est præceptum meum, ut diligatis invicem; sicut di-

le-xi vos. 8. ATtendite, ne graventur corda vestra in.

crapula, & e-brie-ta- te, & curis hujus vitæ. *3.*

MOrtui estis, & vita ve-stra abscon- dita est cum

Christo, in De- o. *4.* COrpora vestra, membra sunt

Christi: membra vestra, templum sunt Spiritus Sancti: glori-

fica-te, & porta- te De- um in corpore vestro. *2.*

VIgila- te & ora- te, ut non intre-tis in tentatio- nem;

spiritus quidem promptus est, caro autem infirma. *4.*

SErvi-te Domino in timore, & exulta-te e- i cum tremore. *8.*

INdu- ite no- vum hominem, ubi non est genti- lis, &

judæ-us; sed omnia, & in omnibus Christus. *1.*

IMple-mini Spi- ritu san-cto, cantantes & psallentes in cor-dibus veftris Do-mino , al- le- luya. *3.* CAntate Domino

can- ticum novum : laus ejus ab extre-mis terræ. *7.*

PSallite Deo noftro, pfallite ; pfal- lite regi noftro, pfallite

fapien-ter. *2.* QUi fta-tis in domo Domini,laudate dominum.*1.*

COnfite-mini Do-mino qui facit mirabilia magna fo- lus. *1.*

BEne-dicentes Dominum, exalta- te il- lum quantum poteftis ;

major eft e- nim omni lau-de. *8.*

Ici le *Maître des Novices, après avoir raconté à fes Ecoliers la naif-*
fance de la très-fainte Vierge , le Myftere de l'Incarnation , les grandeurs de
cette Mere du Sauveur ; & après leur avoir recommandé d'avoir pour elle
une dévotion particuliere, va leur mettre à la bouche quelques prieres pro-
pres à implorer fon affiftance & protection.

PRophetæ prædixerunt nafci Salvato-rem de Virgine Mari- a. *2.*

CŒlefte benefi- cium introivit in Annam, per quam nobis.

nata eſt mater Mari-a Virgo. *1.* MIſſus eſt Gabriel

Angelus ad Mariam Virginem deſponſa-tam Joſeph. *8.*

INgreſ- ſus An- gelus ad Ma- ri- am , di-xit: A- ve Ma- ri- a

- gra- tia plena, Dominus te- cum benedicta tu in mu-

lie- ribus. *4.* NE timeas Mari- a: inveniſti gra- tiam

apud Dominum : ecce conci-pies, & pa- ries filium. *8.*

QUomodo fiet i-ſtud, Angele De- i, quoniam virum non

cognoſco? au-di Ma-ria Virgo , Spiritus ſan-ctus ſuperveniet

in te , & virtus altiſ- ſimi obumbra-bit ti- bi. *7.*

ECce an-cil-la Domini, fi-at mi-hi ſecundum verbum tuum. *8.*

Joſeph fili David , noli time-re accipere Mariam conjugem

tuam,

tu-am, quod enim in e-a natum eſt, de Spiritu ſanĉto eſt

Chriſtus Dominus. 7. COmple-ti ſunt di- es Ma-riæ, ut pa-

reret filium ſu-um primogenitum. 8.

GEnuit puer-pera regem, cui nomen æter-num, & gau-dia

ma-tris ha-bens   cum virgi-nita- tis honore : nec primam

ſi-milem vi-ſa eſt, nec habe-re ſequentem, al-lelu-ia. 2.

HÆc eſt quæ neſci-vit torum in deli-ĉto, habebit fruĉtum

in reſpeĉtio-ne a-nima-rum ſanĉtarum. 3.

REga li ex progenie Ma-ri-a exor- ta refulget, cujus

precibus vos   adjuvari mente, & Spi-ritu devo-tiſſime

poſ-cite. 6.   ANte to-rum hujus Vir-ginis frequentate

D

no-bis dulcia cantica dramatis. *4*. COrde & a-nimo Chrifto

canatis glo- riam, in facris folemniis præcel-   fæ genitri-

cis Dei Ma- ri- æ. *8*. CUm jucundita- te feftivita- tes beatæ

Mariæ ce-lebretis, ut ipfa pro vobis interce-dat ad Dominum

Jefum Chriftum. *7*. AVe Mari- a, gratia plena, Dominus

tecum : benedicta tu in mulie- ribus. *1*.

BEata Dei genitrix Mari- a, Virgo perpe-tua, templum Domini,

facra-rium Spiritus fancti, fo- la fine exemplo placuif- ti regi-

na Je- fu Chrifto, o- ra pro populo, interveni pro Clero;

interce-de pro devoto femi-neo fe- xu. *8*.

SUb tuum præfidium confugimus fancta Dei genitrix: noftras

deprecatio-nes ne defpi-cias in neceffi-ta-tibus noftris, fed a

periculis cunétis libera nos femper, Virgo glorio- fa &

benedi- éta. 7.

Ici le Maître des Novices invite ſes Ecoliers à l'accompagner en eſprit juſqu'à la Créche, pour y apprendre de la propre bouche de la très-ſainte Vierge le Myſtere de l'Incarnation, ſe confondre à la vûe des profonds ab-baiſſemens du Sauveur, & dans le tranſport de leur joye & de leur dévotion, le ſupplier de vouloir jetter ſur eux un regard de ſa miſéricorde; puis félici-tant la Mere, lui demander ſon interceſſion auprès de ſon divin Fils.

TRan-ſea-mus uſque Bethleem, & videa-mus hoc verbum

quod faétum eſt, quod Dominus oſtendit nobis 7.

O Virgo vir- ginum, quomodo faétum eſt iſtud? quia

nec primam ſi- milem viſa es, nec habere ſequentem:

ſi- li- i Jeru- ſalem, quid me admira- mini? di-vinum eſt

myſte- rium hoc quod cer- nitis. 2.

D ij

BEa-tam me dicent omnes genera- ti-o-nes , quia ancillam

humilem   refpexit Deus ,   allelu-ia. *8.*

O   Admirabile commer-cium ! creator generis humani

anima-   tum corpus fumens , de virgine nafci digna-   tus eft :

& procedens homo fi- ne fe-   mine , lar-gitus eft nobis

fuam de-i-ta- tem. *6.*

O   Candor lu- cis æ- ter-   næ, fpe-   culum

fine ma- cula De- i   ma- jef- ta-   tis, &   ima- go

bo- nita- tis il-lius, in quem de-fi- derant Angeli prof-   pi-

cere ; often-de nobis fa- ciem tu- am &   fal-vi e-   rimus. *6.*

BEa- ta es Ma-ri- a, quæ credidi- fti ; perfecta funt in te,

quæ dicta funt ti-bi a Domino, al- lelu- ia. *8.*

BEnedicta tu in mulie- ribus, & benedictus fructus

ventris tui. *4.* POft partum virgo inviola- ta perman-

fifti, De-i genitrix intercede pro nobis. *4.*

Ici le Maître des Novices, après avoir exhorté ses Ecoliers à être auffi
fideles à l'infpiration de l'étoile de leur fainte vocation, que les Rois Mages,
& à se difpofer à la réception des faints Ordres, comme ceux-ci au voyage
de Bethléem, c'eft-à-dire à apporter, non plus à la crèche, mais aux au-
guftes autels d'un fi grand Roi, l'or de la pureté, l'encens des bonnes œu-
vres, & la myrrhe de la pénitence & de la mortification, va implorer l'af-
fiftance du Saint-Efprit, tant pour eux, que pour ceux qui ont perdu la
grace de leur première ferveur & confécration au Service de Dieu.

VOca-vit nos Deus vocatio- ne fu-a fancta, fecun- dum

gratiam quæ manifefta- ta eft per il-lumina-ti-o-nem

Salvato-ris no- ftri Je- fu Chrifti. *1.*

VI- dimus ftellam e-jus in o- rien-te ea- mus cum muneribus adorare eum. 2. STella i-sta sicut flamma co-

ruscat, & regem regum De-um demonstrat: Ma- gi eam

vide-runt, & magno regi munera ob- tulerunt. 7.

MA- gi viden-tes stellam dixe-runt ad invicem : hoc signum

magni re-gis est, ea- mus, & inquiramus e-um, & offera-

mus e- i munera, aurum, thus, & myrrham, al-le-lu–ia. 8.

HAben- tes sacerdo-tem ma-gnum super do- mum

De- i; asceda- mus cum vero corde, & ip-si sa-

cerdo-tium sanctum, offer- re spi- ritua- les hos- tias ac·

cep-ta-biles De-o per Je- sum Chri- stum. 5.

EXhi-bea- mus cor- pora nos-tra hos- tiam viventem, san-

&tam, De-o placentem : semper mor-ti- fica-tio-nem Je- fu

in corpore noftro circumferentes, ut & vita Je- fu mani-

feftetur in corpo- ribus noftris. *1.*

OMnis homo, in quo eft immundi-ti-a, qui accefferit ad

e- a, quæ confecrata funt, peribit co- ram Domino. *7.*

VEni Spiritus, & infuffla fuper interfe-&tos, & revi-vif-

cant, al- le- lu- ia. *8.* Offa arida, dabo vobis fpiritum,

& vive- tis, alle- lu-ia. *1.*

QUanta puta- tis mere- ri fuppli- cia, qui Spi-ri-tui

gratiæ contume-liam fe-cerit? al- lelu- ia. *6.*

I- Deo & vos efto-te para- ti; vide-te, vigila-te, & ora-

te : nefcitis e-nim quando tempus fit , al- le- lu-ia. *8.*

SInt lumbi veftri præ- cinĉti , & lucernæ ar- dentes in ma-

nibus veftris , ut cum venerit , aperia- tis e-i. *4.*

VI- fita-vit , & fe- cit Dominus redemptio- nem ple- bis fuæ ,

ut ferviamus il- li in fanĉtita- te & jufti- tia co- ram

ip- fo , omnibus die- bus noftris. *6.*

PRædeftina- vit nos De-us conformes fi-e-ri ima-ginis fi-li-i

fu- i , ut fit ip- fe primo- ge-nitus in mul- tis fratribus. *8.*

COnfirma hoc De-us quod opera-tus es in nobis : a templo

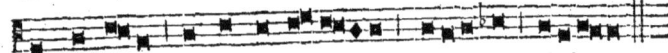

fanĉto tu- o quod eft in Je-ru-falem, allelu- ia , allelu- ia. *8.*

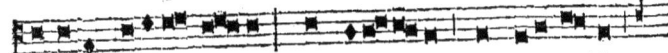

EMitte Spiritum tu- um , & crea-buntur : & renova- bis

faciem

faciem terræ , allelu- ia , allelu- ia. *8.*

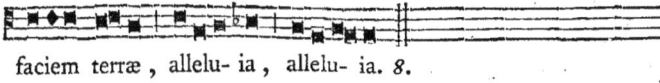

V Eni fanĉte Spi- ritus , reple tuorum corda fidelium , & tu-i

amo-ris in e- is ignem accende, qui per diverfita-tem

linguarum cunĉtarum , gentes in unita- tem fi -dei congre-

ga-fti. Alle-lu- ia , alle- lu- ia. *8.*

Ici le Maître des Novices exhorte fes Ecoliers à ne point fe refufer à
l'inftruĉtion des petits enfans dans l'Art de chanter, puifqu'il leur en donne
la facilité, & les moyens de participer un jour par la patience à la récom-
penfe des Saints, qui ont tant fouffert pour Dieu, & qui ont eu tant de ʒele
pour le louer & pour le faire connoître & aimer par toute la terre.

S I ve-re fratres di- vites ef- fe cupitis , veras divitias

ama- te. *7.* O-Pera- mini non cibum, qui perit, fed

qui permanet in vitam æ-ternam, quem Dominus da- bit

vobis. *1.* T Hefauriza- te vobis thefauros in cœlo, ubi neç

E

æru- go , nec tinea demoli- tur. *4.* SI culmen veri ho-no-

ris quæritis, ad illam cælestem patriam quantocyus pro-

pera- te. *7.* Dili-gere proximum tanquam se-ip-sum ,

majus est omnibus holocautoma-tibus, & sacri- fi- ci-is *4.*

CUstodiens parvulos Dominus humi-li-a- tus sum , & libe-

ra-vit me *2.* VIdete ne contemnatis u-num ex his

pusil- lis ; quia Angeli e-o- rum semper vident fa- ciem Patris

vestri , qui in cœ-lis est. *2.* ECce nunc tempus accep-

ta- bile, ecce nunc dies salutis : in his ergo die- bus

exhibea- tis vosmetip-sos sicut De-i ministros , in mul- ta pa

tien-ti-a , in jeju- niis , in vigi- liis , & in charita- te non ficta. *8*

SAncti per fidem opera- ti funt jufti- tiam, & adep- ti funt

repromiffio-nes, vin- cula exper-ti & carceres : ideo- que &

vos per pa- tien- tiam curra- tis ad propo-fitum vo- bis

la- borem. 2. EX omni corde laudave- runt nomen fan-

ctum Domini, ut amplifica- rent nomen fanctita- tis. 3.

LA-bia eo-rum faluta-rem diffeminaverunt fcien- tiam , opus

fanctum , dignum be-ne-dictio- ne , ple-num fe- cerunt : & mi-

nifte- rium fi- bi traditum devo- te imple-verunt. 5.

EStote mife- ricordes fi- cut & pater vefter mife- ricors eft. 2.

DA-vid in fua mife- ricor-dia confecutus eft fedem regni

in fæcula. 2.

BEa- tus vir, qui imple-vit defiderium fu- um! 8.

EC-   ce bea- tificamus e- os qui fu-ftinue- runt: patien-tes

i- gitur efto-te & vos, ut ef- fi-ci-a- mini imita- to- res

eo- rum, qui fi-de & pa- tien- ti-a hære-ditabunt promif-

fio- nes. z. REddite populis labium e- lectum, ut invocent

om-nes in nomine Domini, & ferviant e- i humero uno. 6.

CAnite tu- ba in Si- on, quia prope eft dies Do- mini:

ecce ve- niet ad falvandum vos, alle-lu- ia, al- le- luia. z.

EXite in plateas & vicos civita- tis : & parvulos ac pau-

peres compel-lite cantare, ut refonet hymnis Domini omnis

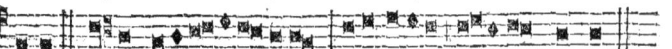

terra. z. IN patien-ti-a veftra poffidebitis a- nimas veftras. z.

Ici le Maître des Novices se persuadant avoir entierement réussi à met-tre ses Ecoliers en bon chemin, après quelques transports de joye, se répand avec eux en actions de graces des bienfaits particuliers qu'ils ont reçus du Ciel; & ils prennent de nouveau ensemble la résolution d'y correspondre par une vie exemplaire, & par un sacrifice continuel de louanges, afin d'ê-tre toujours en état de participer aux graces & aux miséricordes infinies de Dieu.

E-Xultabo in Je-ru-salem, & gaudebo in po-pulo me- o;

& non au-di-e- tur in e- o ultra vox fle-tus,& vox clamoris. 7.

ECce e-go & pu-e-ri me- i, quos dedit mihi Dominus. 7.

FI-li-i sanctorum sumus, & vi- tam il-lam expecta- mus,

quam Deus daturus est his, qui fidem su- am nunquam mu-

tant ab e-o. 6. UNxit nos Deus, & si- gnavit nos, &

de- dit pi gnus Spi- ritus in cor-dibus nostris., al- leluia. 5.

CHristus dile- xit nos, & tra- didit semetip- sum pro no-bis

obla- ti-onem & ho-stiam Deo, in odorem sua- vita- tis. 1.

FEcit nos re-gnum, & facerdo-tes Deo patri fu- o; ipfi glo-

ria & impe- rium. *4.* GRatias De- o fu- per inenarra- bili

do- no ejus; qui e-ripuit nos de potefta-te te-nebra-rum. *7.*

BEne-dictus De-us, qui elegit nos in Chrifto, ut effemus fan-

cti & immacula- ti in confpectu e- jus in charita- te. *1.*

UT fi- li-i lu- cis am-bulemus, probantes quid fit bene-pla-

citum De- o ; fructus e-nim lucis eft in omni bo-nita- te , &

juftit-i-a, & ve-rita- te. *7.* ADvocatum habemus apud pa-

trem , Jefum Chriftum juftum : & ipfe eft propiti-a- ti-o pro

peccatis noftris. *8.* PEr ip-fum of- fera- mus hoftiam lau-

dis femper Deo , fructum la- bio- rum confiten- tium nomini e-   jus. 2.   HAbentes fidu-ciam in intro-i-tu san-

cto-rum in sanguine Christi ; & sacerdo-tem magnum super

domum De-i ; ad- e-a-mus ad thro-num gra-tiæ, ut miseri-

cordiam consequamur & gra-tiam invenia-mus, alle-luia. 2.

Ici le Maître des Novices regardant l'attachement à ce monde enchanteur & séducteur, & à tous ses vains plaisirs & pernicieuses maximes, comme le plus grand obstacle à l'amour de la perfection, qu'il a tâché d'inspirer à ses Ecoliers dans toutes les Leçons précédentes, fait un dernier effort pour les engager à ne soupirer que pour le Ciel, & à se disposer au dernier avénement par les bonnes œuvres. Ensuite le Maître & les Ecoliers, après avoir remercié le Sauveur de les avoir racheté par sa mort, le prient instamment de vouloir bien encore les soutenir contre toutes les peines & les dangers de cette vie, qui pourroient leur faire perdre le fruit de leur rédemption en s'opposant à leur sanctification, & finissent en bénissant Dieu par Jesus-Christ.

NOn habemus hic manentem ci-vita-tem, sed futuram in-

quirimus, fun-damen-ta habentem, cu-jus artifex & conditor

De-us. 6.   QUi sumus in hoc tabernaculo ingemis-cimus

gravati, ha-bitatio-nem nostram, quæ de cæ-lo est, superin- dui cu- pien- tes. *1.* Scien-tes quoniam dum fumus

in corpore, peregrinamur a Domino; bonam voluntatem ha-

be-te magis pere- grina-ri a corpore, & præfentes effe ad

Dominum. *3.* Pa-triam cæleftem a longe af picientes & fa-

lutan- tes, peregrini & hofpites fuper terram ingemifcite ut

abforbea-tur quod morta- le eft, a vita. *5.*

Greffus rectos facite pe-dibus veftris, acceffiftis e-nim ad

ci- vitatem De- i viventis, Jerufalem cæleftem itaque regnum

immobile fuf-cipien- tes; fervia- tis placentes De- o, cum me-

tu & re-veren-tia. *1.* Jufte & pi-e viva-tis, expectantes

bea-tam fpem, & adventum Domini. *2.*

Occifus

OCcifus es Domine , & rede-mi- fti nos De- o in fan-

guine tu-o ex om-ni populo & natio- ne, & fecifti nos

Deo noftro regnum , & facerdotes , al-' leluia. *8.*

DIgnus es, Domine, quoniam redemi- fti nos in fanguine

tu-o, accipere honorem, & glo- riam & be- nedictio- nem. *8*

O Rex glo- riæ , Domine virtu-tum , qui triumphator fu-

per omnes cælos afcendi- fti , ne dere-linquas nos orphanos :

fed mitte promiffum patris in nos, fpiritum paraclitum ,al-le-

luia. *2.* VI- gi-la fu- per nos, æ-ter- ne falvator, ne

nos apprehendat cal- lidus tentator ; quia tu no-bis factus es

fempiter- nus adju- tor. *4.*

F

SAlva- tor mundi fal- va nos , qui per crucem & fanguinem

redemi-fti nos ; auxilia- re no- bis , te depreca- mur De- us

nofter. 7. MEdia vita in morte fu- mus : quem quærimus

adjuto- rem nifi te Do-mine, qui pro peccatis noftris ju-

fte i- raf- ceris? fanĉte De- us, fanĉte for- tis , fan-

ĉte & mifericors falva-tor, amaræ morti ne tra-

das nos. 4.

SOli De- o, per Jefum Chriftum , ho- nor & glo-ri-a in

fæ- cula fæ- culo- rum. 4.

CHAPITRE XIII.

Exemples de Répons tant grands que brefs, & de quelques-uns des Morts.

RÉPONS DU PREMIER TON.

℟. Felix namque es facra Virgo Ma- ri- a, &

omni lau- de dignif- fima. * Quia ex te or-

tus eft fol ju- fti- tiæ Chriftus De- us

no- fter. ℣. O- ra pro populo, interveni pro

cle- ro, intercede pro devoto femi-neo fe- xu: fen- tiant

omnes tuum juvamen, quicumque ce- lebrant tuam fanctam

commemora- tio- nem. * Quia ex te. &c. Gloria

Pa- tri, & Fi- lio : & Spiri- tui fan- cto. * Quia

ex te. &c. *1. ton.*

F ij

℟. INter na- tos mu- li- erum non furrexit ma-

jor Joan- ne Ba- pti- fta ; * Qui vi- am Do-

'mino præpa-ra vit in ere- mo. ℣. Fu- it

homo miffus a De- o cu- i nomen e- rat Jo- an- nes.

* Qui vi- am. &c. Glo- ria. &c. * Qui vi- am. &c. *z*.

℟. MArti- nus A- brahæ fi- nu læ- tus ex- ci-

pitur: Marti- nus hic pauper & mo- dicus. Cælum di-

ves ingre- ditur, * Hymnis cæ-le- ftibus hono-

ra- tur. ℣ Marti- nus epi-fcopus migravit a fæ- culo: vi-

vit in Chrifto gemma fa- cer-do- tum. * Cælum. &c.

Glo-ri-a. &c. * Hymnis. &c. *z. ton.*

R/.

Do-mus me-   a, domus ora-   ti-o-   nis

voca- bitur: di- cit Do-   minus : in e-   a

om- nis qui pe-   tit, ac-   cipit, & qui quæ- rit,

in-   venit: * Et pul- fan-   ti a-   pe-

ri-e-   tur. ℣. Pe- tite,   & ac- ci-pi- e- tis: quærite, &

in-ve- nie-   tis. * Et pul- Glo-ria.   * Et pul- ı.

R/.

QUi   funt i- fti, qui ut nubes vo- lant, * Et qua- fi co-

lum   bæ   ad feneftras fu-   as? ℣. Cor pora e-o-

rum plena funt o- culis, & fcintil-læ ac lampades in me-

dio dif-cur-ren-tes. * Et qua- fi.   Glo- ri-æ Pa- tri,

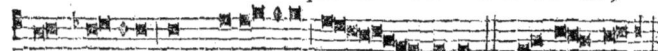

& Fi- lio, & Spi-ri- tui fan-   cto. * Et qua- fi. ı.

F üj

SInt lumbi veſtri præ- cinĉti, & lu- cer- næ ar-

dentes in ma- nibus ve- ſtris : * Et vos ſi-miles homi-

nibus ex- pe- ĉtan- tibus Do- minum ſu- um,

* Quando reverta- tur a nup- tiis.

℣ Vigila- te ergo, qui- a neſ- ci- tis qua ho- ra Dominus

veſter ventu- rus ſit. * Et vos. Glo- ria Patri, &

Fi- lio : & Spi- ri- tu- i ſan- ĉto. * Quando. *1. ton.*

REPONS DU DEUXIEME TON.

SAnĉta & immacula- ta vir- gi- nitas,

quibus te laudibus ef- feram neſ- cio : * Quia quem

cæli ca- pere non po- terant tuo gre- mio

con-tuli- sti. ℣. Benedi- cta tu in mu-lie- ribus, & be-

nedi-ctus fructus ventris tu- i. * Quia quem.

Glo- ri-a Pa-tri, & Fi- lio : & Spiri- tu-i

fan- cto. * Quia quem. 2. *ton.*

℟. DIxe- runt difci-puli ad bea- tum Mar- ti- num :

cur nos pater de- feris, aut cu-i nos defola- tos

re- lin- quis : * In- va- dent e- nim gregem

tu-um lu- pi ra- pa- ces. ℣. Sci- mus quidem defi-

dera- re te Chriftum, fed fal-va funt tibi tu- a præ-mi-a :

noftri po- tius mifere- re quos de- feris. * In- va. 2.

℟. BAr- rabas latro di-mit- titur, & innocens Chriftus occi-   ditur : nam & ille Judas ar- mi- duĉtor fce- leris,

qui per pacem di- dicit fa-   cere   bel- lum,

* Ofculando tra- didit Do-   minum Je- fum Chri-   ftum.

℣. Ecce tur- ba, & qui vocabatur Ju- das ve- nit, & cum

ap-   propin-   qua- ret. * Of- culando. 2.

REPONS DU TROISIÈME TON.

℟. **M**Agnus in- ter ma- gnos, exi- guus inter par- vos,

illu-ftris inter no- biles, modicus in- ter igno-biles, * Om-

nibus denique   om- nia fa- ĉtus. ℣. Erat e- nim

vir Dei Norbertus af- peĉtu hi- laris, vultu fere- nus, fermone

facundiffimus, conver- fatione pla- cidus convi-   ĉtu

affabili

af- fa- bilis. * Om- nibus. Glo- ria Patri , &

Fi- lio : & Spiri- tu-i fan- &o. * Om- nibus. 3. *ton.*

℞. DUm ftete- ritis ante reges & præ fi des , no- lite co-

gita- re quomodo , aut quid loqua- mini : * Dabitur

enim vo- bis in illa ho- ra quid loqua-

mini. ℣. Non e- nim vos e- ftis qui loquimini : fed

Spiritus patris ve-ftri , qui lo- quitur in vo- bis.

* Dabitur. 3. *ton.*

℞. AD nu- tum Do- mini no- ftrum ditan- tis ho- no- rem.

* Si- cut fpi- na ro- fam ge- nuit Ju- dæ- a

Ma- ri- am. ℣. Ut vitium vir- tus operi-

G

ret, gratia   cul- pam. * Si- cut. Glo- ria Pa- tri, &

Fi- lio : & Spiſi-tui   ſan- ſto. * Si- cut ſpina. *3. ton.*

REPONS DU QUATRIE'ME TON.

℞. QUæ eſt i- ſta, quæ procef- ſit,   ſicut ſol,

& formoſa   tanquam Jeru- ſalem ? * Vide- runt e-   am

filiæ Si- on, & bea- tam dixe- runt, & regi- næ laudave-

runt e- am. ℣. Et ſicut di- es ver-   ni circumdabant e- am

flo- res ro- ſa- rum, & li-lia   con- val- lium.

* Vide- runt.   Gloria   Patri, & Fi- lio :

& Spiri-   tui   ſan- ſto. * Vide- runt. *4.*

℞. PEtre   a- mas me ? tu ſcis Do- mine,

qui- a a- mo te. * Paf- ce o- ves me- as.

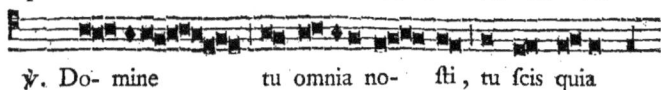

℣. Do- mine tu omnia no- fti , tu fcis quia

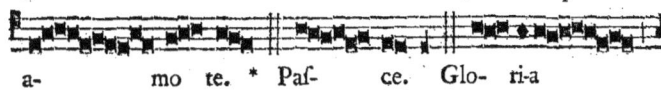

a- mo te. * Paf- ce. Glo- ri-a

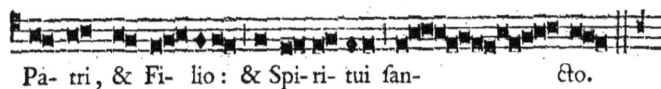

Pa- tri, & Fi- lio : & Spi- ri- tui fan- cto.

* Paf- ce. 4.

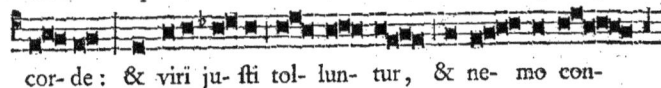

℟. EC- ce quomodo moritur ju- ftus , & ne-mo per-cipit

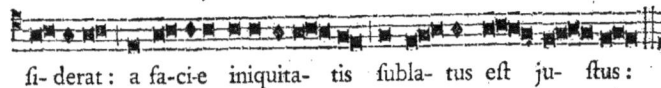

cor- de : & viri ju- fti tol- lun- tur, & ne- mo con-

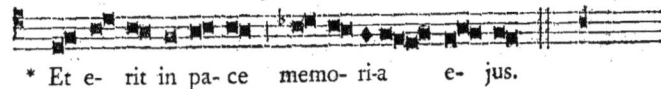

fi- derat : a fa-ci-e iniquita- tis fubla- tus eft ju- ftus :

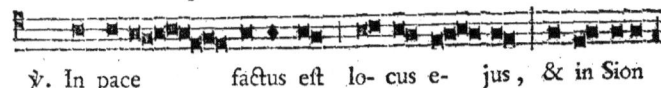

* Et e- rit in pa- ce memo- ri-a e- jus.

℣. In pace factus eft lo- cus e- jus, & in Sion

ha- bita- ti-o e- jus. * Et e- rit. 4. ton.

G ij

REPONS DU CINQUIEME TON.

R̷. GA- briel An- gelus appa-   ruit Zacha-

ri-æ,   di-   cens: nafcetur ti- bi fi-   lius,

nomen e- jus Joan- nes voca- bitur: * Et mul-ti   in na-

ti- vitate e- jus gau-de-   bunt. ℣. Erit   e- nim ma-

gnus coram Do-mino, vinum & ficeram non bi-   bet.

* Et mul-ti.   Gloria   Pa- tri, & Fi- li-o, & Spi-

ri- tu-i   fan-   &to. * Et mul-ti.   5. ton.

R̷. REgnum mun-di &   omnem orna-tum fæ- cu-li

contempfi propter amorem Do-mini me-   i Je- fu Chri-

fti. * Quem   vi- di, quem a-ma-   vi. * In quem credidi, quem di- le- xi. ℣. Eructa- vit cor me- um verbum

bo- num: dico e- go o- pera mea re- gi. * Quem

Glo ri-a Pa- tri, & Fi- li-o: & Spiri- tu-i

fan- Eto. * In quem. *5. ton.*

℟. CAligave- runt o- culi me- i a fle-tu me- o:

quia elonga-tus eft a me, qui con-folaba- tur me:

videte omnes po- puli * Si eft dolor fi- milis fi- cut

dolor me us. ℣. O vos omnes qui tranfi-tis per

vi- am, attendite, & vi- de- te. * Si eft dolor. *5.*

REPONS DU SIXIEME TON.

℟. TU- a funt hæc Chrifte o- pera, tu- a mi-ra- cula, qui vere mira-bilis es in fan- ctis tu-

is, * Quos ita digna- ris glo-ri- fica- re, * Ut e-

os de ho- fte humani ge-neris mi-ra-bi-liter fa- ci-as

triumpha re. ℣. Glo-ri-a, vir- tus, &

gra-tia hæc eft omnibus fanctis tu- is. * Quos.

Glo- ri-a Pa- tri, & Fi- lio : & Spiri- tu-i

fan- cto. * Ut e- os. 6. *ton.*

℟. HOmo quidam fe- cit cænam magnam, & mifit fervum

fu- um ho- ra cænæ di- cere invita- tis ut veni- rent: * Quia

para- ta funt om- ni-a. ℣. Veni- te, come-

dite pa- nem me- um, & bibite vi-num quod mifcui

vo- bis. * Quia. Gloria Pa tri, & Filio : &

Spi-ri tu-i fan- &to. * Quia. 6.

R). GAude Mari- a Vir- go, cunctas hæ- refes fo- la in-

tere- mi- fti, quæ Gabrie- lis Archangeli dictis cre-didi-

fti. * Dum Virgo Deum & hominem ge- nui- fti.

* Et poft partum Virgo in-viola- ta permanfi- fti.

y. Gabrie- lem Archangelum fcimus divi-nitus te ef- fe af-

fa- tum; uterum tuum de Spiritu fancto credimus impræ-

gna- tum : erubef- cat Judæus infe- lix, qui dicit Chriftum ex

Jo- feph femine effe na- tum. * Dum Virgo. Glo-ri-a

Pa- tri, & Fi-li-o : & Spiri- tu-i fan- &to. * Et poft. 6.

REPONS DU SEPTIEME TON.

℞. PA- ter pec-cavi in cælum & coram te, jam

non fum dignus voca- ri fi- lius tu- us, * Fac me

ficut u- num ex mercenariis tu- is.

℣. Quan- ti mercena- ri-i in domo patris mei a- bundant

pa- nibus, ego au- tem hic fame pe- re-o; furgam, & i-bo

ad patrem meum, & di- cam e- i : * Fac me

Glo- ri-a Patri , & Fi- lio : & Spiri- tu-i

fan- &to. * Fac me. 7. *ton.*

℞. EUge ferve bo- ne & fide- lis , quia in pauca fui- fti

fide- lis , fupra multa te confti- tuam : * Intra in

gaudium

gau- dium Do- mini tu- i. ℣. Do- mine

quinque talenta tra-di-di-fti mi- hi: ec- ce a-li-a quinque

fuper- lu-cra- tus fum. * Intra. *7. ton.*

℟. O Ju- da, qui de- reliquifti confilium pa- cis, &

cum Judæ- is con- fi-lia- tus es: trigen- ta argen- teis

vendidi- fti fanguinem ju- ftum: * Et pa-cis ofculum fere-

bas, quod in pectore non ha- be- bas. ℣. Os tu- um

abundavit ma- li- ti-a, & lin-gua tu-a concin- na-

bat do- los. * Et pa- cis. *7. ton.*

REPONS DU HUITIEME TON.

℟. EC- ce facer-dos ma- gnus, qui in die-bus fu- is

H

pla- cuit De- o: * I- deo jure- ju- ran- do fecit

illum Do- minus cref- cere in plebem fu- am.

℣. Benedictio-nem omnium gentium de- dit il- li,

& teftamentum fuum confirma-vit fuper ca- put e-

jus. * I- deo. Glo- ri- a Patri, & Fi- li- o,

& Spiri- tu-i fan- cto. * I- deo. *8. ton.*

℟. HOdie nobis de cæ- lo pax ve- ra def- cen-

dit : * Hodie per totum mundum melli-flui fa- cti funt

cæ- li. ℣. Ho- die il- luxit nobis di- es redem-

ptio- nis no- væ, repa-rationis antiquæ, felici- ta- tis

æ-ter- næ. * Ho-die. *8. ton.*

R̶.

GAu deo plane quia hostia Chri- sti ef-

fici me- rui; accusa- tus non nega- vi; in- ter- rogatus,

Christum confes- sus sum ; * Affa- tus, gratias

a- go. ℣. Probasti Domine cor meum, & vi-si-

ta- sti no- ĉte; igne me e- xa- mina- sti. * Affa- 8.

CHAPITRE XIV.
RÉPONS BREFS.

Les Répons Brefs suivans, & plusieurs autres dont l'établissement étoit fondé sur le goût de la variété, se chantoient autrefois dans les plus célebres Eglises de France, aux Offices de Vépres, Tierce, Sexte, & None, pendant le tems du Carême. Le chant en est particulier, parce que l'intention de leurs auteurs a été de distinguer ce saint tems ; de maniere que si en d'autres saisons l'usage étoit dans les grands Chœurs d'admettre du fleuretis ou faux-bourdon sur les Répons Brefs pour leur donner un certain relief, on pût se priver de cet accompagnement en modulant ces Répons d'une maniere qui fît paroître le Chant Grégorien affectueux & beau dans sa simplicité, & que toutes les voix chantant à l'unisson, l'oreille fût néanmoins touchée de la douceur de ce chant, qui exécuté en pur plein-chant roulant & sans serpent, convient si fort au Carême, & est si capable d'y exciter la piété & la componction, que tous ceux qui ont oui chanter pendant bien des années en quelques Eglises ces sortes d'anciens chants, en ont été d'autant plus

H ij

*charmés, que le mélange de toutes les voix au pur uniſſon fait en cette oc-
caſion un très-bon effet ſur ces paroles ou équivalentes, dans un gros Chœur,
ſurtout étant répétées pendant pluſieurs ſemaines ; parce qu'il donne le loiſir
de les goûter, & à tout un Chœur nombreux la facilité de les exécuter
comme s'il n'y avoit qu'une ſeule voix qui les chantât. Ces Répons ne ſe
ſont preſque conſervés que dans l'Ordre de Prémontré, qui les a toujours
regardés comme un élixir de piété, & le baume d'un cœur vrayment Chré-
tien & religieux : & c'eſt aſſurément avec bien de la raiſon ; car la modulation de la plûpart de ces Répons dans la bouche de trente ou quarante voix,
quoiqu'en ſimple plein-chant, a quelque choſe de très-touchant. Ils ſont
cenſés brefs, à cauſe du peu de paroles dont ils ſont compoſés : mais on les
chante ſelon le rit des autres Répons de l'Office, comme il ſuit.*

*Tous ces Répons ſont du Carême, excepté le premier, qui ſe chante de la
même maniere aux Vêpres dans le tems de l'Avent, en quelques Egliſes,
comme l'Ordre de Prémontré.*

R̶. E-duc de carcere a-nimam me-am, * Ut confi-te-a-

tur no-mini tu-o Do- mine. ℣. Pe- ri-it fu-

ga a me, & non eſt qui requirat a- nimam me-

am. Ut. &c. Glo- ri-a. &c. R̶. Educ. &c. 2.

R̶. SEp- ti-es in di-e laudem dixi ti-bi, Do- mine

De- us me- us, * Ne per- das me. ℣. Erra- vi

ſi-cut o-vis quæ pe-ri-erat ; require ſervum tu-um Do-

mine, quia mandata tu-a non ſum o- bli- tus.

* Ne per- Glo- ri-a. R̶. Sep- ties. 2.

R̶. USquequo exal-ta- bitur inimi-cus me- us ſuper

me ? * Reſpice, & exau-di me. Do-mine. De-us me-us.

H. iij

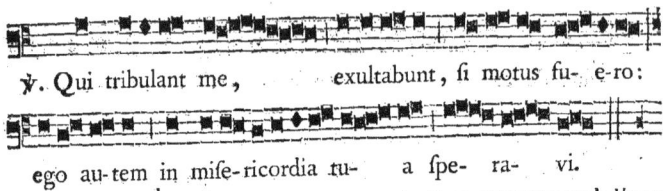

℣. Qui tribulant me, exultabunt, si motus fu- e-ro:

ego au-tem in mise-ricordia tu- a spe- ra- vi.

* Respice.   Gloria. *4. ton.*   ℞. Usquequo. *4.*

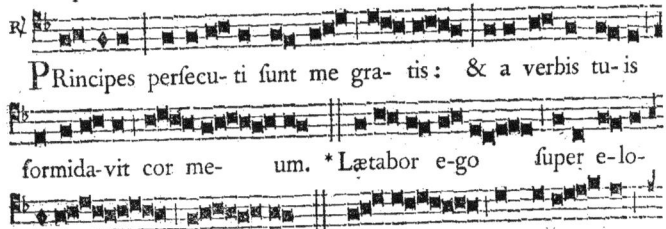

PRincipes persecu-ti sunt me gra- tis: & a verbis tu-is

formida-vit cor me- um. *Lætabor e-go super e-lo-

quia tu- a. ℣. Qua- si qui inve- nit

spo-li-a mul- ta. * Lætabor. Glo- ri-a. *6. ton.*

℞. Principes. *6.*

℞. SErvus tuus sum e- go, *Da mihi intel-lectum

Do- mine. ℣. Ut discam mandata tu- a. * Da mihi.

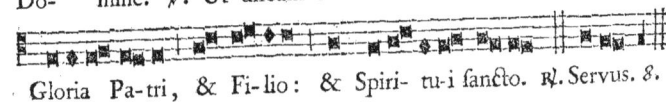

Gloria Pa-tri, & Fi-lio: & Spiri- tu-i sancto. ℞. Servus. *8.*

℟.

SPes me-a Do- mine, * A juven-tu- te me-a.

℣. In te confirma- tus fum ex u- tero, de ventre matris meæ,

tu es me-us prote- ⁢tor : * A juven- Glo-ri-a Pa-tri, &

Fi-lio : & Spiri-tui fanƈto. ℟. Spes me- a. *4.*

℟.

ESto no-bis Do- mine, * Tur- ris for- titu- dinis.

℣. A fa- ci-e i- nimi- ci. * Tur- ris. Glo-ri-a Pa-

tri, & Fi- lio : & Spiri-tu-i fan- ƈto. ℟. Efto. *6.*

℟.

DEclara fuper nos De-us, * Tu- am mifericor- diam.

℣. Declaratio fermonum tuo rum dat intelleƈtum Domine.

* Tuam. Gloria. Pa-tri, & Fi- li-o : & Spiritu-i fanƈto. ℟. Decla- *2.*

℟.

INgredien- te Domino in fanƈtam ci- vita- tem, hebræ-o- rum pu- e-ri refurrecti-onem vitæ pronuncian-

tes, *Cum ramis pal- marum hofanna clamabant in ex-

cel- fis. ℣. Cumque audif- fent, quia Je-fus venit Je-ro-

fo- limam, exi-e- runt ob- viam e- i. * Cum.

Glo- ri-a. 2. *ton.* ℟. Ingredien- te. 2.

CHAPITRE XV.

REPONS DE L'OFFICE DES MORTS.

℟. HE-i mi-hi Domine, quia peccavi nimis in vi- ta

me-a: quid faciam mi- fer, u- bi fugiam, nifi ad te Deus me-

us: *Mifere- re me-i dum ve-neris in noviffimo

di- e. ℣. A- nima mea turba- ta eft val- de, fed

tu

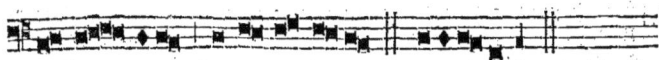

tu Do- mine fuccur- re e- i. * Mifere- re. 2. *ton.*

℟. PEccantem me quoti- di-e, & non pœnitentem timor

mortis conturbat me : * Quia in infer- no nulla eft redem-

ptio, mifere- re me- i De-us & falva me. ℣. Deus in no-

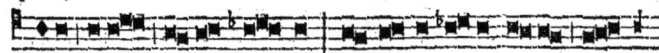

mine tuo falvum me fac, & in virtu- te tu- a li-

bera me. * Quia. 6. *ton.*

℟. LIbera me Domine de vi-is infer-ni, qui portas æ-reas

confregi- fti : & vi-fita- fti infernum, & dedi- fti e-is lumen

ut viderent te, * Qui erant in pœnis tenebra- rum.

℣. Clamantes & dicen-tes, adveni- fti redemptor nofter. * Qui. 6

℟. DE- us æterne, in cujus poteftate humana condi-tio con-

I

fi- ftit, a- nimas omnium fide- lium defunctorum, quæ-

fumus ab omnibus abfolve pec- ca- tis, * Ut pœniten- ti-æ

fructum quem voluntas eo- rum optavit, præventi morte

non per- dant. ℣. Qui in cruce pofitus, latronem fe-

ro pœniten-tem fuf- cepi-fti e-o- rum precamur, pi- e pecca-

ta di- lu-e. * Ut. 2. *ton.*

℟. QUi Lazarum re- fuf- ci-ta-fti a monumen- to fœ-

tidum: * Tu e- is Domine dona requiem & locum in-

dulgen- ti- æ. ℣. Qui venturus es judica- re vi-vos

& mor-tuos & fæ- culum per i- gnem. * Tu e- is Do-

mine dona requiem & locum indulgen-ti-æ. 4. *ton.*

CHAPITRE XVI.

EXEMPLES des principales parties qui compofent la fainte Meffe.

INTROITES.

Laudate pueri Dominum, laudate nomen Domini: qui habitare facit fterilem in domo matrem filiorum lætantem. *Pfal.* Sit nomen Domini benedictum: ex hoc nunc & ufque in fæculum. ℣. Gloria Patri, & Filio, & Spiritui fancto: ficut erat in principio, & nunc & femper, & in fæcula fæculorum, Amen. *1. ton.*

Venite adoremus Deum, & procidamus ante Dominum, ploremus ante eum qui fecit nos: quia ipfe eft

Dominus De-us no-fter. *Pf.* Venite exul-temus Domino : ju-

bilemus Deo faluta- ri noftro. ℣. Glo-ria Patri, & Filio,

& Spiri-tu-i fanĉto : ficut erat in principio , & nunc & fem-

per , & in fæcula fæculo-rum , A- men. **2. ton.**

COnfef- fio & pulchritu- do in confpeĉtu e- jus : fanĉtitas

& magnificen-tia in fanĉtifica- ti-o- ne e- jus.

Pf. Canta-te Domino canticum novum : canta- te Domino

omnis terra. ℣. Gloria Patri , & Filio , & Spiri-tu-i fanĉto :

ficut e-rat in principi-o , & nunc & femper , & in fæcula

fæ-culo-rum , Amen. **3. ton.**

IN no-mine Je- fu omne genu flecta-tur, cæ-le-ftium , terreſtri-um, & in-ferno-rum: & omnis lingua confi-tea- tur,

quia Dominus noſter Jeſus Chriſtus factus obe-diens uſque ad

mortem, mortem autem crucis, in gloria eſt De-i pa- tris.

Pſ. Laudate Dominum quoniam bonus eſt Dominus: pſallite

nomini ejus quoniam ſua- ve. ℣. Gloria. *3. ton.*

NOs au- tem glo-ri-a-ri o- por-tet in cruce Do-mini

noſtri Je-ſu Chri- ſti: in quo eſt ſalus, vi-ta, & reſurre-

ctio- no-ſtra; per quem ſalva-ri & libera- ti

ſu mus. *Pſ.* Deus miſereatur noſtri, & bene- di-cat no-

bis: il-luminet vultum ſuum ſuper nos, & miſerea- tur noſtri.

℣. Gloria Patri & Filio, & Spiri- tui ſancto: ſi-cut erat in principio, & nunc, & femper, & in fæcula fæculo-rum, Amen. 4.

VErba mea au-ribus percipe Do- mine ; intel-lige cla-

mo-rem me- um: intende voci ora-tio- nis me- æ.

Pf. Rex meus: & Deus meus. ℣. Glori-a Patri, & Filio, &

Spiri-tu-i fanɛto: ficut e-rat in principio, & nunc & femper,

& in fæcula fæculorum, Amen. 5. *ton.*

OS ju-fti me-dita- bitur fa-pien-tiam, & lingua e-jus

loquetur ju-di- cium: lex De-i e- jus in corde ip-

fi- us. *Pf.* No- li æ-mulari in malignantibus: neque zela-

veris facientes ini- quita-tem. ℣. Gloria Patri, & Filio, &

Spiri-tu-i fanɛto: ficut e- rat in principio, & nunc & fem-

per, & in sæcula sæculo-rum, Amen. *6. ton.*

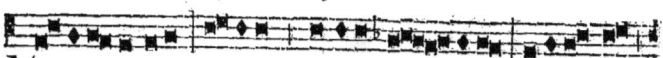

O- culi me-i fem-per ad Dominum, quia ip-fe evel-

let de laqueo pedes me- os: ref- pice in me, & mifcre- re

me- i, quoniam u- nicus & pauper fum e- go. *Pf.* Ad te

Domine levavi a- nimam meam: Deus meus in te confido,

non erubefcam. ℣. Glo- ri-a Patri, & Filio, & Spiri- tu-i

fancto: fi- cut erat in principio, & nunc & femper, & in

fæcula fæ-culo-rum, Amen. *7. ton.*

MI-fere- re mihi Domine, quoniam tri- bulor: libera me

& e- ripe me de manibus i- ni-mico- rum meo- rum, & a

perfequentibus me: Domine non confundar, quoniam in- voca- vi te. *Pf.* In te Domine fperavi : non confundar in æter-

num, in ju-ftiti-a tua libera me. ℣. Gloria Patri, & Filio,

& Spiri- tu-i fanĉto : ficut erat in principio, & nunc & fem-

per, & in fæcula fæculorum, Amen. *8. ton.*

GRADUELS.

BO-num eft confite- ri Domino , & pfallere nomini

tu- o al- tif- fime. ℣. Ad annuntian- dum ma-

ne mifericor- diam tu- am & verita- tem tu-

am per no- ĉtem. *5. ton.*

DOmine Do-minus no- fter, quam admira- bile eft no-

men tuum in univer- fa ter- ra. ℣. Quoniam e- leva- ta

eft

eſt magnificen- ti-a tu- a ſuper cæ-

los. 6. ton.

UNiver- ſi qui te expe- ⟨tant; non confundentur,

Domine. ℣. Vi- as tu-as Do- mine no tas fac

mi-hi; & ſe- mitas tu- as e- doce me. 2. ton.

PRope eſt Dominus om-nibus invocantibus e-

um, omnibus qui invocant e- um in verita- te.

℣. Laudem Do- mini lo- que- tur os me- um ; & bene-

di- cat omnis ca- ro nomen ſanctum e- jus. 5.

UNam pe- ti- i a Do-mino , hanc requi-ram, ut inha-

bitem in domo Domini. ℣. Ut videam volup-

K

ta- tem Do- mini : & protegar a templo fan- &to

e- jus.   *5. ton.*

DIriga- tur ora- ti-o me- a, ficut incenfum in confpe-

&tu tuo Do- mine. ℣. Eleva- ti-o

ma- nuum mea- rum facrifi cium vefperti- num. *7. ton.*

BEne- di&ta & ve- ne- ra- bilis es Virgo Mari- a,

quæ fi- ne ta&tu pudo- ris inven- ta es ma-

ter Salva- to- ris. ℣. Virgo De- i ge-

nitrix, quem to- tus non capit or- bis, in tu- a

fe clau- fit vif- cera fa- &tus ho- mo. *ι.*

ALLELUIA.

AL- le- lu- ia. ℣. Lau- da

a- nima mea Do- minum, lauda- bo Dominum in vi-ta

me- a : pſallam De- o me- o quamdiu e-

ro. *8. ton.*

ALlelu- ia. ℣. Benedicam Do- minum in

om- ni tempore : ſemper laus e jus in o- re me- o. *4*

ALle- lu- ia. ℣. Para-tum cor me- um

De- us, pa- ratum cor meum : canta- bo, & pſallam

ti- bi glo ri-a me- a. *4. ton.*

ALle- lu- ia. ℣. Adora- bo ad tem-

plum fan- &ctum tu- um, & confite- bor no- mini

tu- o.   8. *ton.*

ALle- lu- ia.   ℣. Do- mine e- xau-

di ora- ti- o- nem me- am, & clamor me- us ad -

te ve ni- at.   *7. ton.*

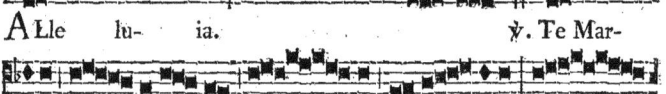

ALle lu- ia.   ℣. Te Mar-

tyrum can- dida- tus lau- dat e- xer- citus Do-

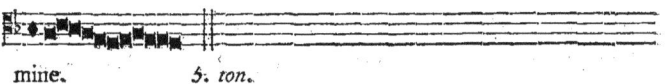

mine.   5. *ton.*

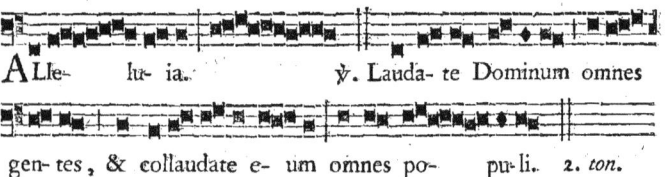

ALle- lu- ia.   ℣. Lauda- te Dominum omnes

gen- tes, & collaudate e- um omnes po- pu- li.   2. *ton.*

ALle- lu- ia. ℣. Confite- mini Do-mino

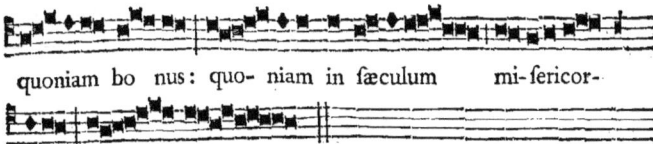

quoniam bo nus : quo- niam in fæculum mi- fericor-

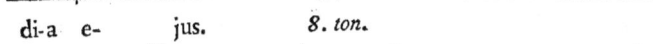

di-a e- jus. *8. ton.*

ALle- lu- ia. ℣. Qui fa- nat contritos

cor- de, & al- ligat contritio- nes e- o-

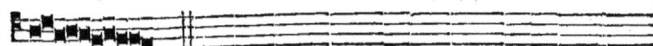

rum. *4. ton.*

ALlelu- ia. ℣. Confite-mini Do- mino ,

& invoca- te nomen e- jus : annuntia- te inter gen-

tes opera e- jus. *2. ton.*

ALle- lu- ia. ℣. Verbo Domini cæ-

li firma- ti funt ; & fpi-ritu o- ris e- jus omnis

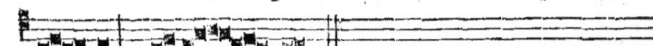

vir- tus e-o- rum. *4. ton.*

AL- le- lu- ia.   ℣. Spi- ritus Do- mini re

plevit orbem ter- ra- rum, & hoc quod continet om- ni-a,

fcien-tiam habet vo- cis.   *3. ton.*

ALle- lu- ia.   ℣. Ve- ni fanĉte

Spi- ritus, reple tu-o-rum corda fide-lium, & tu-i

amo- ris in e- is ignem ac- cen-

de.   *1. ton.*

Allelu- ia.   ℣. Vir- ga Jef-

fe flo- ruit, vir-go De- um & ho-minem ge-

nuit : pacem De- us red-didit, in fe reconci-lians ima

fum- mis.   *6. ton.*

ALle- lu- ia. ℣. Per te De- i

ge-nitrix no- bis eſt vi- ta per-dita da- ta : quæ de cæ-lo

ſuſcepi-ſti prolem , & mundo genu-i- ſti Salva- to-

rem. *1. ton.*

ALle- lu- ia. ℣. Poſt par- tum

virgo in- vi-ola- ta permanſi- ſti, Dei ge- nitrix

interce- de pro no- bis. *4. ton.*

ALle- lu- ia. ℣. A- ve ſtillans

mel- le al- vea- rium , a ve veri Salomo-

nis fer- culum : a- ve ver- bi De- i tu ſa- crarium :

ve Dei patris receptaculum Ma- ri- a. ℟.

OFFERTOIRES.

DEx- tera Do- mini fe cit vir-tu- tem; dextera Do- mini e- xal- ta- vit me; non mo- riar, fed vivam, & narrabo o- pera Do- mini. 2. *ton.*

BEnedic a- nima me-a Do- mino, & no-li o-blivifci omnes retri-butio- nes e- jus; & renova-bitur juventus tu- a. 8.

DOmine vi- vifica me fe-cundum e- loquium tu- um: ut fci- am teftimonia tu- a. 3. *ton.*

INten- de vo- ci ora-tio- nis me- æ, rex meus & De- us me- us: quoniam ad te o- ra- bo Do- mine. 6.

A- ve Ma-ri- a gra- ti-a ple-na,

Dominus

Do- minus te- cum, bene-dicta tu in mulie- ribus, &

bene- dictus fru- ctus ven- tris tu- i. *8. ton.*

COMMUNIONS.

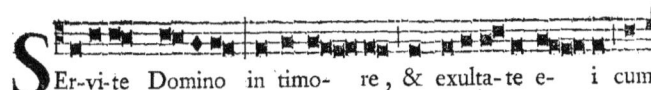

SEr-vi-te Domino in timo- re, & exulta-te e- i cum

tre-mo- re: apprehendite dif-ciplinam, ne perea- tis de vi-a

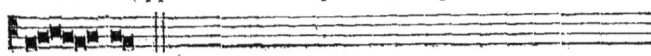

ju- fta. *8. ton.*

TOllite ho- ftias, & introi- te in a-tria e- jus: adorate

Dominum in au-la fancta e- jus. *7. ton.*

GUfta- te, & vide- te quoniam fua- vis eft Dominus,

bea- tus vir qui fperat in e- o. *4. ton.*

UNam pe- ti-i a Do- mino, hanc re- qui- ram: ut

in- habitem in domo Do-mini omnibus die- bus vi- tæ

me- æ. *8. ton.*

CIrcu-i- bo, & immola- bo in taberna-culo e- jus ho- ftiam

jubila- tio- nis, cantabo & pfalmum di-cam Domino. *8.*

DOmine memora- bor jufti-ti-æ tu- æ fo- li- us: Deus do-

cu-i- fti me a juventute me-a; & ufque in fene-ctam: &

fe- nium: De- us ne de- relinquas me. *8. ton.*

F I N.

DEO NOSTRO SIT JUCUNDA DECORAQUE LAUDATIO.

❋❋❋❋❋❋❋❋❋❋❋❋❋❋❋❋❋❋❋❋❋

Approbation du Censeur Royal.

J'Ai lû par ordre de Monseigneur le Chancelier, un Manuscrit intitulé, *Le Maître des Novices dans l'Art de chanter*. A Paris ce vingt-huit Avril 1744.

MILLET.

PRIVILEGE DU ROY.

LOUIS, par la grace de Dieu, Roi de France & de Navarre : A nos amez & féaux Conseillers, les Gens tenans nos Cours de Parlement, Maîtres des Requêtes ordinaires de notre Hôtel ; Grand Conseil , Prevôt de Paris , Baillifs , Sénéchaux , leurs Lieutenans Civils, & autres nos Justiciers qu'il appartiendra ; SALUT. Notre bien amé Frere REMY CARRE', Religieux de l'Ordre & ancienne Observance de S. Benoît, Nous a fait exposer qu'il desireroit faire imprimer & donner au Public un Ouvrage de sa composition qui a pour titre, *le Maître des Novices dans l'Art de chanter*, s'il Nous plaisoit de lui accorder nos Lettres de Privilege pour ce nécessaires. A CES CAUSES, voulant favorablement traiter l'Exposant , Nous lui avons permis & permettons par ces Présentes, de faire imprimer l'Ouvrage cy-dessus en un ou plusieurs volumes , & autant de fois que bon lui semblera , & de le faire vendre & débiter par tout notre Royaume , pendant le temps de neuf années consécutives , à compter du jour de la date desdites Présentes. Faisons défenses à toutes personnes, de quelque qualité & condition qu'elles soient , d'en introduire d'impression étrangere dans aucun lieu de notre obéissance ; comme aussi à tous Imprimeurs , Libraires & autres, d'imprimer , faire imprimer , vendre , faire vendre , débiter , ni contrefaire ledit Ouvrage, ni d'en faire aucun extrait , sous quelque prétexte que ce soit , d'augmentation , correction , changemens , ou autres, sans la permission expresse & par écrit dudit sieur Exposant , ou de ceux qui auront droit de lui, à peine de confiscation des Exemplaires contrefaits, & de trois mille livres d'amende contre chacun des contrevenans , dont un tiers à Nous , un tiers à l'Hôtel-Dieu de Paris , & l'autre tiers audit sieur Exposant , ou à celui qui aura droit de lui , & de tous dépens , dommages & interêts. A la charge que ces Présentes seront enregistrées tout au long sur le Registre de la Communauté des Libraires & Imprimeurs de Paris, dans trois mois de la date d'icelles ; que l'impression dudit Ouvrage sera faite dans notre Royaume , & non ailleurs , en bon papier & beaux caracteres , conformément à la feuille imprimée attachée pour modele sous le contre-scel desdites Présentes; que l'Impétrant se conformera en tout aux Réglemens de la Librairie , & notamment à celui du 10 Avril 1725 ; & qu'avant que de l'exposer en vente , le manuscrit qui aura servi de copie à l'impression dudit Ouvrage, sera remis , dans le même état où l'approbation y aura été donnée, ès mains de notre très-cher & féal Chevalier le Sieur DAGUESSEAU , Chancelier de France, Commandeur de nos Ordres ; & qu'il en sera ensuite

L ij

lxxxiv

remis deux Exemplaires dans notre Bibliothèque publique, un dans celle de notre Château du Louvre, & un dans celle de notredit très-cher & féal Chevalier le Sieur Daguesseau, Chancelier de France; le tout à peine de nullité des Présentes: Du contenu desquelles vous mandons & enjoignons de faire jouir ledit sieur Exposant & ses ayans cause, pleinement & paisiblement, sans souffrir qu'il leur soit fait aucun trouble ou empêchement. Voulons que la copie desdites Présentes, qui sera imprimée tout au long au commencement ou à la fin dudit Ouvrage, soit tenue pour dûement signifiée; & qu'aux copies collationnées par l'un de nos amés & féaux Conseillers & Sécretaires, foi soit ajoutée comme à l'Original. Commandons au premier notre Huissier ou Sergent sur ce requis, de faire pour l'exécution d'icelles, tous Actes requis & nécessaires, sans demander autre permission, & nonobstant clameur de Haro, Charte Normande, & Lettres à ce contraires: Car tel est notre plaisir. Donne' à Paris le sixiéme jour du mois de Juin l'an de grace mil sept cent quarante-quatre, & de notre Regne le vingt-neuviéme. Par le Roy en son Conseil, SAINSON.

Registré sur le Registre XI. de la Chambre Royale & Syndicale des Libraires & Imprimeurs de Paris, N°. 317, fol. 267, conformément au Reglement de 1723, qui fait défenses, art. 4. à toutes personnes de quelque qualité & condition qu'elles soient, autres que les Libraires & Imprimeurs, de vendre, débiter, & faire afficher aucuns Livres pour les vendre en leurs noms, soit qu'ils s'en disent les auteurs, ou autrement; & à la charge de fournir à ladite Chambre Royale & Syndicale des Libraires & Imprimeurs de Paris, huit Exemplaires prescrits por l'article 108 du même Réglement. A Paris le 10 Juin 1744. Saugrain, Syndic.

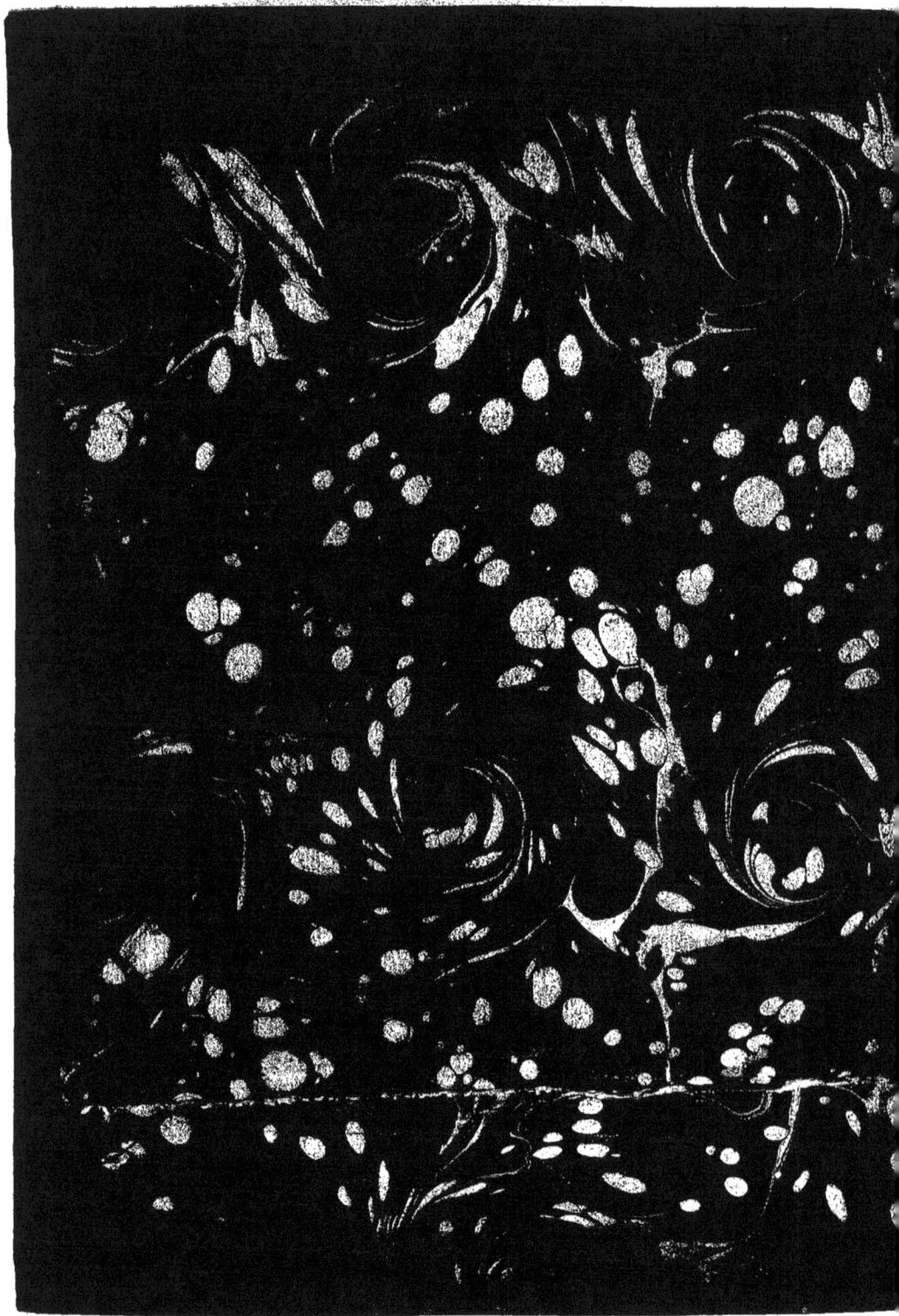

www.ingramcontent.com/pod-product-compliance
Lightning Source LLC
Chambersburg PA
CBHW052359090426
42739CB00011B/2441